玩轉南半球
智利、秘魯

香港亨達集團創辦人及名譽主席 鄧予立◆著

推薦序1

漫遊世界新夢

鄧予立世兄除了從事金融證券業，卓有成就外。業餘更熱愛旅遊，而且專門去較偏遠，較少港人前往的地方。鄧兄尚在壯年，可說「芳華正茂」，「旅遊前程」無限，令人羨慕不已。

我與鄧世兄有同好，業餘喜作環球遊。近三十年的旅遊生涯，踏遍世界六大洲以及神州大地。更有同好的，是同樣在旅遊歸來，不免寫下多篇的遊記，並已結集有十七冊之多。就我所知，鄧兄也已寫出遊記多本，而他的遊記印刷的講究，插圖之精彩，尤有過之。

鄧兄先翁鄧毅生校長，與我同行，一生從事教育事業。往年也多在學校假期中，與我及若干教育界老友，把臂同遊。昔日同行拍下的老照片，不少也出現在我的遊記集之中，撫圖思人，懷念不已。

我今垂垂老矣，遠遊不再，但仍偶作短程遊。如近年常去日本、台灣、新加坡、泰國等地。但歲月不饒人，即使短程，也仍需青壯友人陪同，而且只能作「自由行」，半天參觀，半日休息。

鄧世兄此書述及的南美秘魯、智利之行。我則只曾赴秘魯一遊，智利則「擦身而過」。在秘魯也暢遊利馬、庫斯科，並曾勇登古文明遺址馬丘比丘。今天則只能驚嘆當年勇，別說馬丘比丘，今天如要登上香港的沙田望夫石或扯旗山（註：香港太平山頂）也力不從心矣。

期望在看鄧世兄的旅遊書中，再作「夢遊」，以圓漫遊世界新夢。

吳康民

香港培僑教育機構董事會主席

二〇一四年十二月

推薦序2

旅遊和遊歷：看世界的方式

旅遊和遊歷是兩個很接近的概念。「旅遊」指的是「外出旅行遊覽」；「遊歷」指的則是「從一個地方到另一個遙遠的地方，有別於旅遊，更側重行走過程中知識的傳播與心靈的感悟，更注重過程而非享受。」旅遊和遊歷是兩種不同看世界的方式。

根據這樣的定義來看，旅遊似乎是較常見的選擇：去日本泡溫泉、去韓國滑雪、去法國購物……諸多的活動安排固然是遊覽的其中一類方式，但吃喝玩樂之後，我們對所到之處的歷史文化又會有多少認識呢？幾年之後，對自己曾踏足世界的那一角又會留下多少記憶？

鄧予立先生明顯是一位遊歷者，他用遊歷的方式去看世界。在這本遊記中，他遊歷的是遙遠而陌生的智利和秘魯。在鄧先生清新而樸實的筆下，我們看到了世界的另一端：從智利的聖地亞哥到復活島，從漫步武器廣場到仰望摩埃巨人；從利馬的聖弗朗西斯科修道院到亞馬遜河，從駐足品味歷史到乘坐木船在雨林探險。作為一個旅者，鄧先生和我們分享了很多當地的風土人情，細緻生動；作為一個旅者，鄧先生的個人感悟也引發了我們的反思。

因為是遊歷，所以透過他的文字，我們看到的是世界就多了一層內涵：眼前的現代與歷史的過去互為表裡，既是見聞也是知識；著名的景點和熱情的人們相得益彰，既有感悟也有遐思。

常言道：讀萬卷書，不如行萬里路。但若手握的是一本好遊記的話，那這一卷書，就已抵得上千里路了。當然如果大家能因為讀了這本遊記，而產生遊歷的念頭，那大家下次去看世界的時候，同樣的一雙眼睛看到的可能就會很不同。

作為一位教育工作者，感謝鄧先生對青少年學生交流學習的支持，引導學生從真實世界中學習，感受文化，了解民情，作出多角度思考，明辨是非，使莘莘學子得益，這也是現今教育最重要的一環！

關穎斌
漢華中學校長

推薦序3

旅者的境界

好像才收到鄧予立先生所著《南極——遙遠卻不寂寞的冰雪世界》一書，他的新作《玩轉南半球：智利、秘魯》又面世了。這是鄧先生繼《半島》、《從阿拉木圖開始》、《歐遊六國》等多部遊記之後又一部旅行手記。

鄧予立被業內尊為「證券之星」、「外匯教父」，我們卻稱他是「大俠」。只因其廣泛的興趣愛好之中，旅行是很重要的一部分。看到他可以長時間連續做深入旅行，至今已到過逾百個國家和地區，許多年輕人均自嘆弗如。

我們一群「南極行極友」正是在旅途中和鄧先生結為朋友的。記得離開南極準備從阿根廷返回香港時，大家發現「大俠」並未與我們同行，原來他以當地著名的皇帝蟹款待大家後，又隻身踏上了另一段南美的旅程。當時，舟車勞頓的同伴們僅僅是對這位群中年紀最大長者的充沛精力讚嘆不已，以後接觸久了，才悟出鄧先生的旅行境界。

他是個跟隨自己心願上路的低調名人

常聽人說，最羨慕能擁有「說走就走的旅行」，鄧先生將這種夢想變成了行動。作為金融界的老行尊，他曾經奮鬥打拼創下事業，卻也不為名利所累，將世俗欲望拋之腦後，隨心而動，瀟灑出行。在當今物欲橫流的現實中，能如此無牽無掛地投向未知，能這般風輕雲淡地去看世界，在商賈名家中又能有幾人？

他是個不倦的旅行養分汲取者

珍惜眼前的風景，結識不同的人群，走進古老的記憶，體驗最新的文化。鄧先生旅行是虔誠膜拜自然的過程，也是如饑似渴汲取養分的過程。

他曾摸黑登上拉諾拉拉庫火山腳下的摩埃祭台遺址，只因聽說正午的光照帶給人不同的感覺，便選擇正午再重遊一次；他在復活節島駐留，踏遍島上每一寸土地，追尋失落千年的島民文化。

對歷史的探究，對新事物的追求，使旅行歸來的鄧先生總是收穫滿滿。思想亦不斷昇華，在他的書中充滿對旅行帶給他豐富知識的感恩。

他是個沿途見聞的欣賞專家

鄧先生旅行的心境是樂觀而又恬靜的。獨行時，享受孤獨；結伴時，融入熱鬧；久遠的，聆聽深處的故事；新鮮的，觸摸神奇的瞬間；艱辛的，可以尋找征服的快感；舒適的，可以放慢腳步……無論怎樣，他都有自己品嘗世界的方式，任何東西，在他眼中都美不勝收。

參觀納斯卡古文明遺跡全貌，他決定登上小飛機俯瞰，航線並不安全，每年均有事故發生，況且當天又刮起了大漠風暴，鄧先生說「既然來到這兒，不飛越地線，似乎白來了一遭，我惟有一笑置之」。他將未知當成充滿神祕色彩的探索，在氣流的顛簸中緊握相機拍攝。平安落地時他興奮地感嘆：「又多了一次難忘的經歷」……擁抱未知，享受當下，旅行使鄧先生變得更快樂。

他還是個慷慨的旅程經歷分享大師

鄧先生是不會迷失在地圖上的，他看淡那種僅留張影的到此一遊，也不追求盡數護照上蓋印的滿足。他更鍾情於分享：用相機收入的那情那景，用筆記下的所見所聞，總是第一時間發送給朋友們。鄧先生不自戀，故鏡頭中絕少他個人的身影。但我們知道，那奇峰險峻必是他攀登過的，那海天一色也許就在他窗前……

鄧先生去旅行，朋友們就多了話題和眼福。常常是睡前看完他發的美圖，睜開眼手機又在收新的風景。「你不睡覺嗎？」「睡得很少。」他說。鄧先生真的沒有辜負一分一秒的旅行時光。他也將行程中的分分秒秒呈現給大家與友人同樂共用。

因他的圖，他的書，不少人多了追隨他腳步的衝動；是他的圖，他的書對更多的人起到感化作用：原來地球這麼神祕又這麼美好；原來人們這麼陌生又這麼親近，原來生命這麼簡單又這麼豐富……

在《玩轉南半球：智利、秘魯》這本書中，鄧先生引用了一首智利著名詩人聶魯達的詩，詩中有這樣的句子：

「多麼孤獨沉穩而格調高尚。」

我想，用這句詩來讚嘆一下看過大世界，擁有大格局的鄧予立先生也不為過吧！

王多多

鳳凰書品文化出版有限公司執行董事兼總經理

推薦序4

安坐家中，享受南半球的夏日陽光

十幾世紀前，人們基本上只生活在自己的出生地，對於外面的世界，想像空間很有限。即使到了上一世紀初，離鄉背井遠赴外地，仍然是件半點不容易的事，歷時一年半載以上都免不了。所以，當年馬可孛羅、哥倫布等旅行者歷經長時間的旅行，不但需要長時間的離鄉背井，又因去到地球另一邊未知的土地，人們稱之為探險家。

現在，隨著科技的日益發達，已到達無需出門能知天下事的世界，王勃的「天涯若比鄰」到今天可說是透過各種科技實現了，但仍然有人如同古代的旅行家，對個人親身經歷、親自體驗世界各地的風土人情、文化、文物有著堅持、執著，鄧予立先生就是此中的代表。幸好有如此愛好旅遊而又如斯文學修養的人，通過筆墨將遊歷送到每位讀者跟前，帶領著周遊列國，讓吾等在俗世中營營役役的人可以共享遊樂、置身其中。

鄧兄原為金融市場的外匯專家，本應是俗人口中滿身銅臭的商人，但誰知道他的藝術修養與觸角更是另一層次。一個融合商業與藝術涵養的高人，在朋友眼中，他更像一個藝術家。他的私章寫道「松性淡逾古，鶴情高不群」，可見他雖身在俗世，心中既有陶淵明的瀟灑，個人魅力中夾雜著李白的豪邁，徐霞客的浪漫，透過他獨特的眼光去審視踏足的大地，讓我們可以輕輕鬆鬆安坐家中，在暖暖的冬日陽光下，捧著一杯熱咖啡，飛越十萬八千里，到地球的另一面——南半球，感受著南半球的夏日陽光，照暖身心。

鄧兄筆下的智利與秘魯，充滿了當地的經濟、生活、文化、文物的資料。讓人輕輕鬆鬆跟隨鄧兄遊走千年文化，踏進神祕地域，見證復活節島的歷經戰爭與復甦，踏遍古文明的土地，漫遊亞馬遜而無需冒險，更走進秘魯的世外桃源探訪世界新七大奇觀之一——印加王朝、舉世聞名的馬丘比丘。南美洲與亞洲相隔半個地球，可說是生死不相見。跟著鄧兄的足跡走到南半球的大地，見識其人文、歷史、原始及各種無可解釋的奧祕。引用書中一句「不登山，不知山高；不涉水，不曉水深；不賞奇景，怎知其絕妙」，但我正透過鄧兄的筆去領略到奇景的絕妙。

關於鄧兄在其他領域的成就及知識，讀者想必已從鄧兄撰寫的眾多著作中略知一二，我不宜重複。只想補充一句是他在政治、商業、文化、藝術的認識及見解，令我由衷佩服。他好學不倦，具有過人精力，亦有赤子之好奇心，故能不斷挑戰自我，迎接未來。人無完美，但鄧兄可算是歐洲文藝復興時代偉大人物的現代版。加上他為人慷慨好客，亦可說是現代孟嘗君。

謹祝鄧予立兄驛馬頻踏，妙筆不斷生花，令我們能坐在家，參透鄧兄的足跡及智慧。

方和

銅紫荊星章、太平紳士暨法律博士

二〇一四年十二月三日於香江

推薦序5

旅行，一種生活的存在

鄧予立先生又要出新書。這本是他的南美遊記，也是他在地球上的最新足跡。

鄧先生囑我寫序。我想，這本遊記，大家可以自己買一本來品味。我倒想給鄧先生在這裡畫個速寫，讓讀者更多的瞭解這些文字的主人。錢鐘書先生曾經為外界對他的研究興趣太大而煩惱，並說過這樣的話：「如果你喜歡吃雞蛋，為何還要去尋找生這個蛋的老母雞呢？」不過，我覺得，老母雞也至關重要。否則，你就無從知道雞蛋的來歷。

我結識予立先生，是在二〇一三年底的南極之行。在阿根廷最南端的烏斯懷亞城，我們上了一艘叫「北冕號」的法國抗冰船，在晶藍剔透的冰川間穿行，共處十餘日。在船上，我與老鄧的交談並不多，僅在餐廳和上島的衝鋒舟上有照面。他滿頭銀髮，脖子上好像永遠掛著一台待命的相機，匆匆來去。他眉宇間有淡淡的焦慮，眼鏡鏡片後面，是那種好學生對自己高標準、嚴要求的刻苦神情。旅途中，在團員的微信群裡，常見老鄧上傳他的攝影作品。

老鄧來自「一國兩制」的香港。聽香港團員說，他在香港的金融投資界很出名。不過，老鄧不是大家想像中的銀行家形象，沒有大腹便便，也很少聽他滿口金融術語。記得南極行結束，大家在烏斯懷亞下船，集體去城裡撮一頓，吃帝王蟹。老鄧晚到，加入我們那條長桌。他不聲不響，把帳都結了。生活中，我們都喜歡悄悄把帳結了的朋友。

南極回來的一年裡，勤奮的老鄧出版了《南極：遙遠卻不寂寞的冰雪世界》。現在又出了《玩轉南半球：智利、秘魯》。他最大的享受與樂趣，就是旅行。除了旅行，還是旅行，在路上的感覺。他擅長把旅行與工作連結起來。旅行是他的生活方式，他的存在。

據說，老鄧已旅行了逾百個國家和地區。以他的旅行速度，這個地球正越來越小。他的遊記，是他在南美的所見所聞，也像是部旅行日記。在國外，看到越來越多的中國同胞在觀光、購物，內心是愉悅的。中國人的旅行自由，來得極不容易。老鄧在港，是先行者。他的書，應是及時的個人嚮導。

張力奮

英國金融時報副主編

FT中文網總編輯

推薦序6

在布拉恰諾城堡內的恐懼

（一）

二〇〇六年，我做完中國銀行的上市審計專案後，和家人一起去義大利看望普華永道的一位退休合夥人柯利先生。柯利先生來自英國，他在46歲時申請從公司提前退休，在義大利定居。他在羅馬北邊美麗的布拉恰諾湖（Lake Bracciano）湖畔買了一座房子，過起了上山採蘑菇、下地種菜的原始生活。布拉恰諾湖的北邊是一座小山，山上建著一座擁有五百多年歷史的城堡，也叫布拉恰諾城堡。他的太太是一位心理諮詢師，開了一間診所，專門為在當地工作的英國人提供心理諮詢服務。

一天晚上，柯利夫婦邀請我和太太到布拉恰諾城堡內的餐廳用餐。這間餐廳提供的餐布是一張白紙，旁邊還準備了蠟筆，客人在用餐時可以在紙上塗鴉或隨意地寫一些東西。席間，我和柯利先生聊起了如何為退休生活做準備的話題，這正是我此行的目的。我手裡握著蠟筆，一邊聊天，一邊無意識地在紙上寫寫畫畫。

用餐結束，大家正要起身離開座位時，做心理諮詢師的柯利先生的太太問我：「David，你在紙上畫了什麼？」我低頭一看，頓時驚呆，我畫的竟然是一具棺材。或許，在我的潛意識裡，退休就意味著生命走到了盡頭。

（二）

如果大家曾閱讀過鄧予立先生撰寫的《從阿拉木圖開始：鄧予立看天下》、《走一趟神奇的天路》、《南極：遙遠卻不寂寞的冰雪世界》等旅行隨筆，你就會赫然發現：他退休後，活出了別樣的精彩人生。

旅行是鄧先生為自己的退休生活尋覓的一個幸福和快樂的支點。他通過旅行感受異國他鄉的歷史和文化，加深自己對人生的感悟。至今鄧先生已經到過逾百個國家和地區。拜讀完鄧予立先生的《玩轉南半球：智利、秘魯》，我似乎也感受到了鄧先生那份享受世外桃源的逍遙和徜徉於古色韻香的小城中的悠然自得。

鄧予立先生是外匯交易員出身，服務過大型金融機構，後來自己創業，帶領企業在香港的金融市場穩步發展，成功在香港交易所上市。我在為鄧先生的企業上市提供審計服務的過程中結識鄧先生，對他充沛的精力、旺盛的鬥志印象深刻。直至今日，他還自己操盤，買賣外匯。他說這樣做是為了保持大腦健康。

在這裡我要插一段話，說說上市的好處。上市是把公司的股票在交易所掛牌，賣給公眾。

上市的好處不僅包括為企業未來發展籌資，在資本市場接受更高水平的監管，促進企業經營者提高管理能力，更重要的是上市還為所有者提供了退出機制。鄧予立先生為準備退休，前幾年就把他自己的上市公司出售給了中國的一家大型金融機構。

我很讚賞鄧先生對待退休生活的積極心態。從鄧先生的經歷，我們可以學到一些「樂退」的啟示，例如，年輕時要勤奮、努力，為自己的退休生活做好財務上的準備，既要讓退休生活有保障，不給家庭和社會添痲煩，同時又要有些閒錢供我們休閒娛樂。從鄧予立先生的致富之道，我學習到財富的累積可以和自己的興趣愛好相結合。鄧先生對收藏情有獨鍾。最近，他把收藏的一個產品——墨水筆進行了盤點，把他的表外資產轉入表內，結果他發現這是一筆價值八位數的可觀財富，讓我心生羨慕。

另外，我們要投資自己的健康。當你身體好的時候，你不一定有錢；當你有錢的時候，你不一定有時間；當你有錢有時間的時候，大概就是退休的時候，你必須要有好身體。如果沒有好的身體，就什麼也不用說了。好的身體是我們樂享退休生活的基本保證，所以我們必須參加體育鍛煉，投資健康。

（三）

回憶自己潛意識裡對退休的恐懼，我想，我是天生的勞碌命，計畫活到老，學到老；活到老，做到老。活到老，學到老的生活方式包括多讀書，多旅行。《羅馬假日》（註：Roman Holiday，台灣譯為羅馬假期）裡有句臺詞說得好：「要麼讀書，要麼旅行，身體和靈魂總有一個在路上。」至於活到老，做到老，我決定要多做有益於社會和自己身心健康的事。鄧予立先生堅持寫作的勤奮提醒我：懶惰是最大的原罪。

謹以此文為《玩轉南半球：智利、秘魯》一書作序，以感謝鄧予立先生讓我對退休生活有了一種新的認識，新的期待。

吳衛軍

普華永道北京首席合夥人

目錄 Contents

智利

智利小檔案

智利共和國（Republic of Chile）位於南美洲西南部，安第斯山脈西麓。西邊和南邊瀕臨太平洋，北與秘魯接壤，東與玻利維亞和阿根廷為臨。全國面積共有七十五萬多平方公里，人口約一千七百六十萬。首都聖地牙哥（Santiago）位於智利中部，是全國最大城市，人口六百五十萬，為南美洲第四大城市。

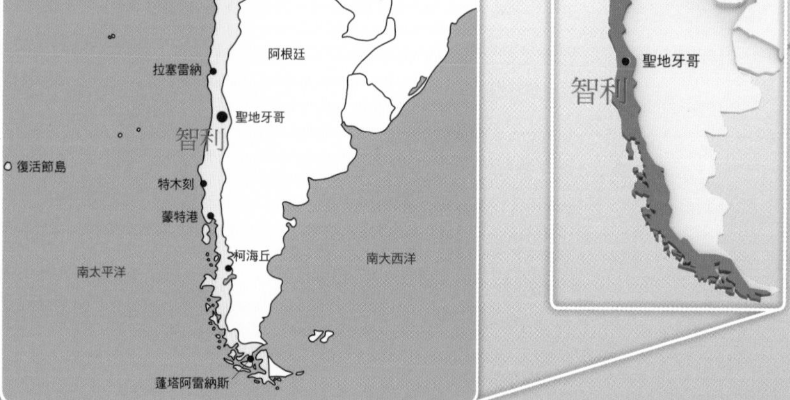

踏上天涯之國

南極之旅結束後，我重返南美征途，搭機飛越縱貫南美洲大陸的脊梁——安第斯山脈（Andes Mountains），踏上了智利的國土。

智利國界呈長條狀，是世界上最狹長的國家。面臨太平洋，海岸線長逾一萬公里；並與南極洲隔海遙望，因為處在世界最南端，又被稱為「天涯之國」。

聖地牙哥　魅力之都

智利除了獨特的地形外，她還有兩個非常知名的島嶼：一是因為《魯賓遜漂流記》而聲名大噪的胡安．費南德斯群島（Is. Juan Fernández），其二就是復活節島（Easter Island）。兩者都是旅遊的熱門景點，而我此行就是衝著復活節島這片「海上孤舟」。

要到復活節島，非得經首都聖地牙哥轉機不可，我乘此機會，抓緊半天時間，到市區走走，領略當地的風土人情。

世界上用「聖地牙哥」作地名的不下六千多個，不過作為首都就只有此處了。在西班牙文中，聖地牙哥即是聖雅各，耶穌的門徒之一，深受教徒愛戴，是這個地方的守護神。智利自一八一八年獨立後，就一直將此處定為首都，並保留西班牙人取的名字。

聖地牙哥處在智利的中心位置，是安第斯山麓下的一塊大盆地，不僅是智利的政治、經濟和文化中心，而且是南美洲的第四大城市。在市區的每個角落，都可以望見終年積雪，逶迤萬里的安第斯山脈，峰峰相連，是一堵天然的屏障。

↑舊城區一隅

市區分為舊城和新城區。舊城區依然保留著西班牙殖民時期的建築，富有南歐的色彩，也是旅遊景點主要的集中地；新城區的風格就相當時尚，追得上現代城市的潮流，是商店、購物中心、酒店和餐館的繁華地帶。

我乘車穿越當地有名的中國城，商店大部分仍然使用中文招牌，有點像中國的市集。司機導遊說中國城現在的規模愈加擴大，還融合了不少來自其他亞洲地方的移民，正逐漸演變成亞洲城。

在地理上，智利處在南太平洋東岸，太平洋板塊（Pacific Plate）和納斯卡板塊（Nazca Plate）中間，全國有超過兩千座火山，其中仍然是活火山的就有五百多座，地震非常頻繁。過去五百年來，最少發生過近五十次較大地震和二十多次海嘯。一九六〇年曾經有過一次九點五級的超級地震，造成數千人死亡，並且引發海嘯，波及夏威夷、日本及菲律賓等國家和地區。

可是當我來到聖地牙哥，卻見新市區高樓大廈林立。有一棟中心的大樓科斯塔內拉塔（Gran Torre Costanera）高逾三百米，聳立在金融中心核心地帶，成為當地二十一世紀的新地標。

我驚訝地震如此頻繁的國家為何還建起這樣高的大樓，司機導遊給的理由是：雖然首都聖地牙哥擁有六百五十多萬人口，是智利人口最密集的城市，不過它並不在地震帶上；而且政府亦重視建築的抗震結構設計，這樣的大型建築可以抵受九級以上的地震；再者，智利人民對避震和災後自救都積累了經驗，應付地震已經是他們生活的一部分了。

↑新市區高樓大廈林立，右後方為科斯塔內拉塔

↓科斯塔內拉塔

↑聖地牙哥明信片（正面）

↑聖地牙哥明信片（背面）

↑酒店內的耶誕節裝飾

↑下榻酒店內的花園泳池

聖地牙哥的市區約六百四十平方公里，整個都會區的面積更超過一萬五千四百平方公里，想要用半天時間「征服」它，是無法辦到的，我唯有精選其中幾個主要景點，感受這座四百多年歷史古城的魅力！

三公里奧希金斯大街繽紛登場

我的下榻酒店位置在聖盧西亞山（Cerro Santa Lucia）下，這是智利人民心目中的聖山。當年西班牙殖民主義者在這裡與保衛家園的印第安人爆發驚心動魄的戰爭，被屠殺的印第安人不計其數，它見證了這一段悲慘的歷史。不過今天這兒早已物是人非，變成「人約黃昏後」談情說愛的地方，獲得了「情人山」的別名。

我並未登山打擾卿卿我我的小情侶們，順著從山腳伸延到城中的奧希金斯大街（O'Higgins Avenue）走進新舊城區。

↑奧希金斯大街全長三公里，儼然是聖地牙哥版的「香榭麗舍大道」

以智利國父奧希金斯為名的大街，寬一百米，全長三公里，貫穿全城，四通百達。街道中間是綠茵草地，兩邊濃蔭綠樹，還有不少噴泉和塑像。這是首都的繁華地帶，仿如是聖地牙哥版的「香榭麗舍大道」。

權力象徵vs.印地安人的勇氣

古城區的中心是武器廣場（Plaza de Armas），建於一五四一年。我記得阿根廷的布宜諾斯艾利斯也有個同樣名稱的廣場，甚至在我接下來前往的幾個秘魯城市中，也一再碰到同名的廣場，我請教身旁的司機導遊，才知道西班牙殖民主義者有一個習慣，每征服一個地方，都要先建立一座武器廣場，並以此為建城的中心點。廣場可不是用來儲存武器，而是統治者的權力象徵，是用來公布統治者的法律和懲處犯人的場地。

聖地牙哥的正方形武器廣場面積並不算大，大約是

↑在地上彩繪的街頭藝術

↑武器廣場上的西洋棋競技

↑廣場中央噴水池

四百多平方米。廣場上可見到不少市民在此活動，我發現有群人在棕櫚樹蔭下聚集，便上前湊熱鬧，原來他們正在圍觀多位國際象棋（西洋棋）好手的競技。

廣場中央是座古色古香的噴水池。正午時分，小朋友紛紛跳進池裡嬉水，讓池水的涼意驅走炎炎夏日的暑氣。

廣場是古城區宗教、政治和文化機構的集中地，環顧四周，包圍著許多老式的南歐建築物。這裡的建築都是西班牙殖民時代遺留下來的，其中一座建於一五五八年的聖地牙哥大教堂（Catedral Metropolitana），教堂裡面的佈置華麗精美，豪華程度一點不遜於西歐的教堂。

其餘還包括由原來皇家法院改成的國家歷史博物館（Museo Historico

Nacional）、中央郵局（Correo Central）、以及市政府大樓（Municipalidad de Santiago）等，還有多所博物館和主教宮。受限時間，我便沒有一一進入參觀。

不過廣場上有兩座雕像，導遊說一定要瞧瞧。其中一尊是西班牙殖民者瓦宜迪維亞（Valdivia）的騎馬銅像，另一尊則是用粗獷手法雕出的石人捧著一個印第安人的頭像。導遊說，這裡還涉及一段故事：因為馬是印第安人的神物，騎馬銅像除了對神物不敬外，更讓人對

↑聖地牙哥大教堂

↑聖地牙哥大教堂內部大堂金碧輝煌

↑大教堂的彩繪玻璃

↑瓦宜迪維亞騎馬銅像

↓印第安人巨型頭像

當年西班牙人殘殺印第安人的事實耿耿於懷，因此引起印第安人多次的抗議遊行，為了平息事件，市政府於是把銅像側移。而印第安人的巨型頭像則是為了紀念印第安人抵抗外來侵略的勇氣，表達對他們的歷史和文化的追思。

↑莊嚴肅穆的總統府

↑總統府衛兵

↑憲法廣場及總統府旗海飄揚

自由、憲法和總統府

位於自由廣場和憲法廣場中間的總統府——莫內達宮（Palacio de la Moneda）建於十九世紀，原來是皇家鑄幣廳，後來才改為總統府，新古典主義風格的白色建築古樸典雅，多了一份莊嚴和肅穆的感覺。由於面向自由廣場的這一面正在整修，我只好來到憲法廣場的北門。北門這邊有幾位站哨的衛兵，聽說每隔一天的早上十時，會有精采的衛兵換崗儀式，受到遊客和當地人民的歡迎。

憲法廣場一帶是商業經濟中心，莫內達宮前面智利國旗旗海飄揚，廣場上豎立多尊智利人民景仰的民族英雄和知名人士的塑像，紀念他們為國家立下的功績。

↑聖母山登山纜車

↑憲法廣場上的塑像

聖母山遠眺市區景觀

我乘車駛過城中的富人區，來到馬波喬河，接著登上聖母山。此山原名聖克里斯托瓦爾山（Cerro San Cristobal），因為山上有一尊由法國政府贈送的聖母像，所以才叫聖母山，現在已闢為國家公園（Parque Metropolitano de Santigo），目前是世界最大的市內公園，占地七百多平方公里，園區內樹木蔥翠，花香馥郁，是旅遊的熱門景點。

山海拔高度是四百多米，想要登上高處，旅客可以徒步或者從山腳乘坐登山纜車。我珍惜腳力，選擇乘車到山頂公園。

下了車，翹首就看到白色大理石的聖母像。聖像高十四米，連基座總高度有36.5米。

我見那聖母雙手微敞，彷彿擁抱、關愛著這個世界，更凸顯祂的神聖莊嚴。傳聞聖母曾多次顯靈保佑國民，非常受到歡迎。

我居高望遠，從山上俯視整個盆地，將全城的景色盡收眼底。建築物密密麻麻，令人目不暇給。居中央是那座高三百多米的科斯塔內拉塔，雄踞市中，如台北一〇一大樓般傲視全城，氣派非凡。

我在山上逗留了一段時間，本來有意等候日落聖地牙哥的美景，遺憾的是公園已屆關閉時間，只好下山返回酒店，為明天的行程預作準備。

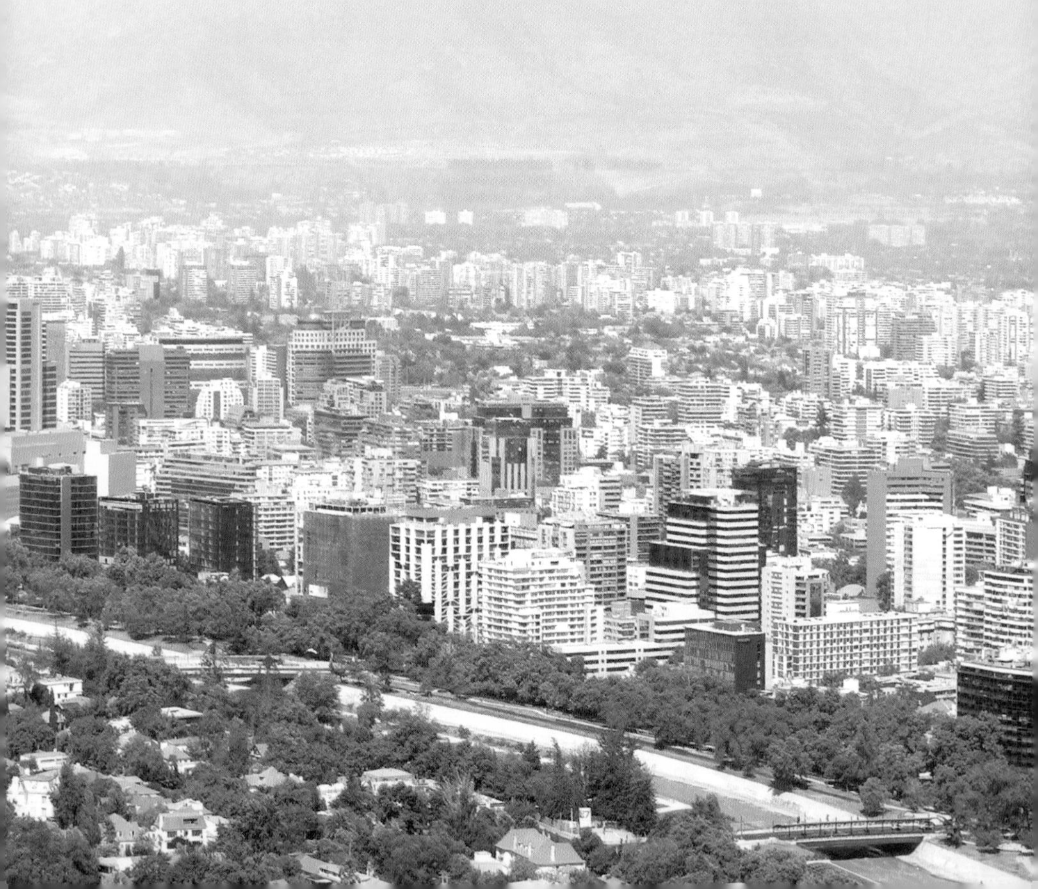

↑雙手張開，彷彿擁抱這個
世界的聖母像

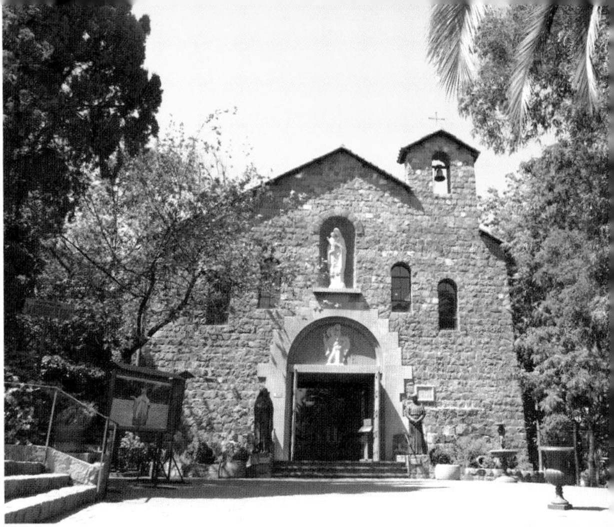

↑聖母山公園的小教堂

↓由聖母山上遠眺聖地牙哥的地標科斯塔內拉塔

地球的肚臍　復活節島

翌日，我迎著清晨的一縷曙光，乘搭南美洲最大的航空公司——秘魯航空的航機，直飛離聖地牙哥三千五百多公里外的南太平洋孤島。

復活節島位於煙波浩渺的南太平洋上，與世隔絕。小島呈三角形狀，面積只有165平方公里，略比台灣的金門島大一點。地理結構上，它是太平洋板塊的火山島，一萬多年前由三座海底火山噴發後連結成一個小島，現在它們分別座落在島上的三個角落，鼎足而立，島上則遍地是火山岩。

↑復活節島地圖

↑馬塔維里機場景觀雕塑

↑復活節島上的馬塔維里機場

一七二二年四月五日復活節當天，荷蘭探險家雅各布．羅格文（Jakob Roggeven）發現了這座島嶼，所以才以「復活節」來命名。當地島民對它的稱呼則是拉帕努伊島（Rapa Nui）以及赫布亞島（Te Pito te Henua）（意思就是地球的肚臍）。

充滿神祕感的島嶼每年吸引不少來自世界各地的旅客來尋幽探祕，我也不例外，不遠萬里，慕名而來。

經過五個小時的飛行，航機徐徐降落在島上唯一的馬塔維里機場，我們旋即受到島民的歡迎，不但為我們戴上花環，還送上熱情的祝福，非常好客。

島上現在以旅遊業為主，正值炎夏旺季，每天從首都出發的航班一位難求。然而島上酒店為數不多，大部分甚至屬於民宿的規模，也因此原本我是與巴西的導遊舊識Vicky小姐相約同往，但因她的機票和酒店都無法安排，所以最後由我單獨前往，後續的行程再另外敲定了。

我下榻的酒店在國家公園裡面，是獨棟的度假式房屋。房間設在山丘上，陽台外是青翠茂密的灌木叢林，遠處是天海一色的太平洋，空氣異常清新，花草的氣味隨風飄送，四周幽靜的環境使人感到心曠神怡。

↑下榻的酒店房間陳設

↓酒店周邊有蒼翠的叢林

↑洞內壁畫由於岩石剝落、海水沖蝕而毀壞

↑由阿納卡伊坦加塔岩洞看出去的海景

復活節島雖然小，卻深藏不露。它被列入世界文化遺產的名錄上，島上有幾百年歷史的玻里尼西亞島民文化，更留下數百尊逾千年歷史的摩埃（Moai）巨人石像。

許多景點需要徒步才能到達，刻不容緩，我立即展開環島遊，不打算放過島嶼的任何一個部分。

尊稱部落首領為鳥人

離拉諾卡火山（Volcano Rano Kau）不遠，是島上最遠古的歷史遺跡，在海崖峭壁下的阿納卡伊坦加塔（Ana Kai Tangata）岩洞。我沿著峭壁的梯級往下走，就找到這個高約四米，深十五米的岩洞。

↑遊客在奧隆哥鳥人村旅客中心認識鳥人的歷史

洞內岩壁上留有拉帕努伊文明壁畫，因為時代久遠，紅白色的壁畫只能依稀猜測是海鳥飛翔的圖案，有些部分由於岩石剝落、海水沖蝕而毀壞。導遊說，當時被稱為「鳥人」的部落首領才有權進入岩洞，在洞內舉行祭禮，然後登上奧隆哥鳥人村（Orongo）接受加冕的儀式。

↑洞內岩壁上留有拉帕努伊文明壁畫

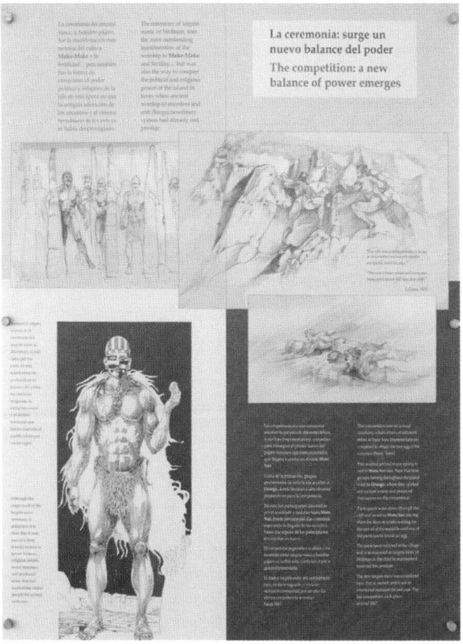

↑鳥人覓蛋比賽的說明

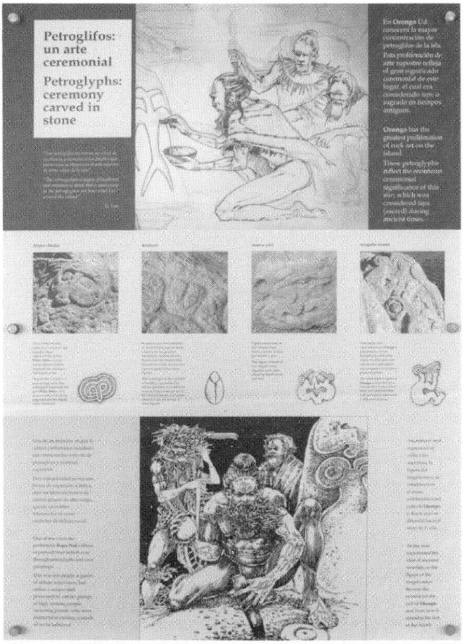

↑遊客中心內的鳥人雕刻介紹

拉諾卡火山上的奧隆哥鳥人村旅客中心讓我得以認識鳥人的歷史。一旁的導遊也幫忙解釋，鳥人是復活節島上勝利者的稱號，來源於島上舉行的一個傳統宗教拜鳥儀式。

選出新首領的覓蛋比賽

當時島民膜拜瑪羅塔拉（Manu Tara）的神鳥。每年八到九月，島上每個部落各派出一名戰士，自奧隆哥鳥人村出發，徒手游到一千多米外、海中央的摩圖奴島（Moto Nui），在島上尋找神鳥的蛋，並將蛋放在捆於頭上的筐內。第一個游回岸上，返回奧隆哥鳥人村的就是勝利者，並且在未來一年被奉為島上的部落首領，受到島民的尊崇，島民還會將他人身鳥頭的圖像雕刻在岬角岩石上面，我很輕易就找到這些有數百年歷史的崖刻。

↑鳥人村用岩石疊砌起來的村屋

↑雕刻鳥頭圖像的岬角岩石

↑岩石疊砌的村屋入口

↑村屋石板

說穿了，鳥人覓蛋比賽其實就是選出新部落首領的辦法。

由於每年都有鳥人競技、選領袖的儀式，同時山崖上遺留有五十多個用岩石疊砌起來的「村屋」，所以此處被叫做鳥人村。

鳥人村上端是一個全島最大的火口湖（Mirador Rano Kau），湖深十一米，直徑約一百六十米，蘆葦長在湖面上，只露出部分清澈的湖水，映著天空，顯得格外湛藍，在陽光下閃耀光輝。

我臨崖往海面眺望，但見水流急湍，白浪洶湧。據說此處還是鯊魚出沒的海域呢！令人望而生畏，未敢造次。沒有膽量和過人之處，還真無法挑戰闖越激流，到達海中央的島嶼。往更遠一些望去，可以看見三座島嶼，其中距離最遠最大的一座，就是摩圖奴島。

个全島最大的火口湖

將視野延伸出去，更見浩瀚的太平洋和藍天渾然一體。被如此無垠的海洋所環抱，我這才感覺，自己真正來到復活節島了。

个距離最遠最大的就是鳥人比賽的摩圖奴島

个護照上的復活節島戳章

个復活節島明信片（正面）

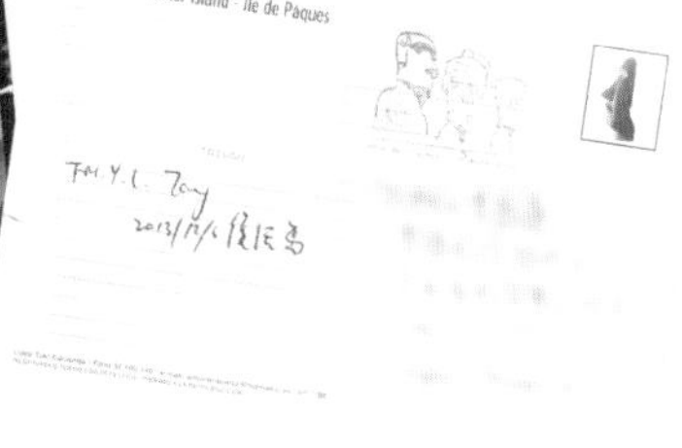

个復活節島明信片（背面）

摩埃巨人之謎

智利偉大詩人巴勃魯・聶魯達（Pablo Neruda）寫過一首《分離的玫瑰》（The Separate Rose）長詩：

巨人雕像一個個豎起，
他們像在直立行走，
直至島上全是石頭鼻子的人；
他們栩栩如生，勢必一代代繁衍，
他們是風和火山熔岩的兒子、空氣和火山灰的孫子，
他們以島嶼為巨足，行如破浪。
微風用它的手，
勞作如能工巧匠；

狂風用它的罪惡肆虐瘋狂，
即使海洋的永恒，
都無法製造出這樣的雕像。
他們的頭很大，
脖頸很長，下頜骨突起，
目光深沉，
驕傲地立於他們的孤獨之中。
他們聳立在那裡，
驕傲的聳立，
令人不安聳立，
啊！多麼孤獨沉穩而格調高尚！
過去有誰敢於詢問，
現在又有誰，
敢於詢問，
問一問，
這些本身就在詢問的雕像。

↑拉諾卡山下海灘有一尊只有頭部露出地面的摩埃巨人石像

這是詩人親身遊歷復活節島後，對島上默默無語的摩埃，所留下的永恆字句。

摩埃巨型石雕像是復活節島獨有的古文明遺跡。在這樣彈丸小島上，目前已經發現的總數居然有887尊之多！它們分別散落在島上的每一個角落，有的單獨倒在白浪拍崖的海岸邊，有的佇立在荒涼的草野山坡上，有的矗立在高高的祭台上，莊嚴肅穆。

不少雕像受到人為破壞和大自然的摧殘，早就支離破碎；有些則保持完整地聳立著。無論是哪一尊，都有一個共同之處——它們堅守在島上，沉默的經歷了逾千年的風吹雨打，見證島上的滄桑巨變。

拉諾卡山下的海灘，有一尊只有頭部露出地面的摩埃巨人石像，導遊就從它開始，為我解開石像之謎。

首先談到島上的歷史，據記載，活在島上的拉帕努伊人是玻里尼西亞人的其中一支族群，使用的拉帕努伊語和大溪地語屬於同一個語系。傳說他們憑藉高超的航海技術，乘信風，辨星象，橫渡大洋，來到這個島嶼。有一說摩埃就是他們信奉和膜拜的神靈，他們相信摩埃會保佑島上風調雨順、豐衣足食。

↑倒下的摩埃

慘遭池魚之殃的摩埃神靈

可是在島上發展的歷史長河中，因土地、食物分配問題，發生了族群的戰爭。據說島上發生「長耳族」和「短耳族」的內戰，勝利的一方會將戰敗族群的摩埃石雕像推倒，並挖去雙目，這樣就能使它們喪失法力（瑪納Mana）。

我在海灘上見到一堆堆東歪西斜、廢棄了的摩埃，大部分身首異處，像是經歷過一場戰亂浩劫的古戰場。

除了島民內戰外，復活節島在過去幾百年內，又出現過大饑荒、流行病、濫伐樹木、人口銳減等衝擊，加上航海殖民主義者的擄掠，販賣島民為奴隸和殖民化等。島上的人口一度繁盛到萬多人，但最慘的時候卻只餘下111人。

直到一八八八年復活節島回歸智利後，政府才對這孤島施以援助和建設，把這裡發展成旅遊小島。今天島上的人口有五千七百多人，算是重新復甦起來了。

講到摩埃，製造材料都是就地取材，以島上黝黑的火山凝灰岩（tufa）雕鑿而成。大多數是男性造型，昂首挺胸，

↑布卡奧（髮結）

↑一排倒下的摩埃，近處赤紅色的大石是布卡奧（髮結）

↑puna pau是復活節島的髮結工廠

或站立或跪著；臉孔幾乎都是長臉、長耳朵、扁額、高鼻子、深眼眶、濃眉等，神情肅穆、栩栩如生。有些頭上還載著由紅色火山凝灰岩雕成帽子般的髮結（布卡奧Pukao），作為顯貴身分的識別。

按導遊介紹，摩埃的雕刻石場在島東面的拉諾拉拉庫（Rano Raraku）火山山區。這裡發現397尊完成和未完成的摩埃，不過附近卻未發現金屬工具和運輸器具，只找到石刀、石鎬、石斧、石鑿等，說明當時的開鑿方式是非常艱難的。

沒有腳的巨人像怎麼移動

摩埃多半高七到十米，重量從不足十噸到超過一百噸都有。究竟島民採用什麼方法

↑在大英博物館「被偷走的朋友」

將如此巨型的雕像搬離「工場」，挪到島嶼的各個地方呢？這就得靠考古學家的研究了。他們認為島民是用島上一種「哈嗚哈嗚樹」的纖維製成繩索，先套在石像的脖子上，然後組織百多人來做搬移的動作。或者用棕櫚樹製成木橇桿，一步一步艱難地推移。如此龐大的工程自然必須憑藉堅強的意志來完成，這可以說明他們對摩埃信仰的堅貞。

實際上，最大的謎團還是出在摩埃石像代表的意義。到底它們代表神明，或是其他東西呢？這個問題可是難倒了考古學家。直至今日，仍有多種說法。導遊說，當地普遍認為是用來紀念祖先或部族的領袖。但不管怎樣，這些非常珍奇罕有的大石像，都是復活節島島民共同而貴重的古文明遺產。

在倫敦的大英博物館內，有一尊從島上「偷來」的石雕像，它是島上雕刻得最精緻的一尊，五官完整，雙臂和乳頭刻得很清晰，連背後的紋樣都非常明顯。石像有個名字叫做「哈卡納奈何」（Hoa Hakananai'a），這句話在拉帕努伊語就是「被偷走的朋友」。我聽聞後，忍不住打心裡微笑起來，實在很佩服島民那一份含蓄的幽默感。但願摩埃石雕像能夠永遠驕傲地站立在這天之涯海之角的小島上，供來自四方的遊客欣賞和追思。

拉諾拉拉庫火山的石像群

留在島上的這段日子，我每天跟著導遊踏遍島上每一寸土地，一面追尋失落千年的島民文化，一面欣賞大自然天海一色的迷人風光。

最令我難忘的是在海邊觀日出。

吃過洋水的摩埃石像

我在凌晨摸黑來到拉諾拉拉庫火山山腳下的海邊，這兒有座由日本人在一九九一年間出資修復的摩埃祭台遺址——唐加力奇祭台（Ahu Tongariki）。一九六〇年，一場九點五級地震引發的海嘯無情沖垮摩埃像，讓它們全部倒臥在地上。後來日本人運來起重機，把地上的摩埃石像一一扶正修復，並且把其中較完整的十五尊豎立在祭台上。我從遠處望過去，十五尊巨大雕像猶如一堵高牆，背海面山而立，一字排開，在寬闊的海邊，構成了壯觀的畫面。

↑凌晨的唐加力奇祭台

↑晨曦穿透巨石像

↓遺址的管理員是拉帕努伊島民後裔

此刻的大地一片黑暗荒寂，只聽到草地上溫馴野馬的嘶叫聲夾雜在澎湃的海浪聲之間。我和其他觀日出的旅客都屏息以待，就等著太陽躍出太平洋海面的那一刻。

天際逐漸呈現白色，一縷紅光穿透雲層，溢出天際，非常鮮豔奪目。儘管當天雲層太厚，未能見到太陽的全貌。但是當一縷曙光穿越摩埃石像之間的空隙，光芒灑落在荒涼的遺址上，是如此壯美、震撼人心，我在別的地方都未曾有過這樣的感受。

遺址的管理員是拉帕努伊島民後裔，見我久久不願離去，便熱心地向我介紹這裡的文化。在祭台周圍，除了不少破碎的摩埃依舊躺臥

↑全島唯一「吃過洋墨水」的摩埃石像和後方唐加力奇祭台的十五尊雕像

→日本如何協助修復唐加力奇祭台的說明文字

在大地上，還有很多島民刻在岩石上的圖騰。他說島民奉太陽為神明，這兒是拜太陽的祭壇，亦是島民繁衍生息的地方。他還領我到遺址入口處，介紹全島唯一「吃過洋墨水」的摩埃石像。一九八二年日本人把它借到大阪世博會上展出，之後運回來鎮守在此處。

他另外介紹如果每天的早、午、晚來到海邊祭台前，可以見到旭日東昇、正午直射和日落西方不同時間的景色，都會帶給人不同的感覺。

↑導遊替我拍一張蒙太奇手法的「十六平台」的搞笑版

↑正午時分重遊太陽當空下的摩埃

於是我又在正午時分重遊，見識太陽當空下的摩埃。藍天白雲的映襯下，巨石像顯得更為宏偉壯觀。

我還央著導遊替我拍一張蒙太奇手法的「十六平台」搞笑版，而且立即用網絡傳回公司，把同事們都逗得樂不可支。

採石場的謎團

復活節島上還有另一處不可錯過的地方，就在海邊上方的拉諾拉拉庫火山山區採石場（Rano Raraku Quarry）。這裡取之不竭的火山凝灰岩，被島民用做雕刻摩埃的石材，所以整座火山就成為摩埃的製造工場。

我沿著步道往上走，山坡上到處是造型多樣、大小不一的石像：有些已經完工，正在搬運途中；有些仍在雕鑿，石像保留在岩石山洞中。卻不知何故，所有的工具和石像都被扔在原地，似乎無論是雕石像的工人，或者是搬運的工人，

↑山坡上到處是造型多樣、大小不一的石像

↓造型特別的「跪坐」摩埃

都拋下一切匆匆離去。時間彷彿霎時停頓下來，永遠靜止在過去的某一刻，不再流動。但究竟是什麼原因，直到現在，仍然讓考古學家傷透腦筋，是該島歷史上一個撲朔迷離的未解之謎。

我繼續登上拉諾拉拉庫火山口湖，論面積比不上拉諾卡火山的火山口湖，但這裡的湖面未被蘆葦覆蓋，水質清澈。一群野馬自由自在馳騁在周邊的翠綠山坡上，一派塞外風光。

↑拉諾拉拉庫火山是摩埃的製造工場

↑還未完成雕鑿，保留在岩石山洞中的巨大摩埃

↑拉諾拉拉庫火山口湖

↑周邊山坡上野馬自由自在馳騁，一派塞外風光

↓巨人的凝望

↑這七尊摩埃是全島唯一面向大海

↑七勇士

看海的七勇士

阿基維祭台（Ahu Akivi）是另一個摩埃遺址，有「七勇士」之稱。據說這七尊摩埃是紀念來自遠方的人，他們為霍圖．瑪圖國王（King Hotu Matua）尋找理想居地。石像的造型跟島上的其他石像並無太大區別，不過是全島唯一面向大海的，表示惦念著遙遠的故鄉。若非石像用珊瑚做成的眼睛早已被挖去，否則應該可以從中看出它們思念家鄉的眼神。

我還深入到島民用作藏身處的熔岩地下洞穴，洞口顯得非常隱蔽，裡面別有洞天，空間足夠上百島民棲身，洞內還按功能劃分，有居室、儲藏食物和醫療等，一點也不覺得紊亂。不過洞內光源不足，非常陰暗，我唯有緊跟著導遊，避免跌倒在碎石滿布的洞裡。

帶來好運的肚臍頭

阿卡漢加遺址（Akahanga）被考古學家認為最有考古價值。一九六八年美國考古學家把這一帶原始部落的遺址復原。整個村落遺址有用石頭圍起來

↑洞內非常陰暗，必須緊跟著導遊的步伐

↑用作藏身的熔岩地下洞穴出入口皆十分隱密

↑代表「世界的肚臍」的石頭

的田地、有集會的廣場、有酋長領袖居住的船型屋，以及火葬場、摩埃。另外還有一堆堆石頭疊起來的，導遊說是島民用來養雞的場地。若沒聆聽說明，我還誤以為是墳墓呢！

島民把復活節島叫做「世界的肚臍」，而這個肚臍，就擠在阿胡泰皮托庫拉遺址（Ahu Te Pito Kura）島民祭天的地方。在這個臨近海邊之處，有一塊被打磨得十分圓滑的大圓石，傳說是復活節島國王從希瓦（Hiva）的故鄉帶到島上，就是代表「世界的肚臍」的石頭。其實它是一塊強力磁場的石頭，島民認為只要把額頭貼在石上，可以帶來好運，我也照著做了，希望可以好運常來。

復活節島首府巡禮

復活節島並非只有古文化遺跡，在島東北部又是另一個天地。

有處白沙海灘襯著碧藍天空。沙灘雖然不大，卻勝在環境寧靜，風光旖旎，周圍是翠綠茂密的棕櫚樹林。這是島上有名的阿納凱納海灘（Playa do Anakena），是全島唯一可以讓泳客暢泳的海灘，又是傳說中國王登島的地點。我索性留在沙灘，環抱大自然，在棕櫚樹下享用島民傳統的石烤海鮮餐。

↓阿納凱納海灘是全島唯一可以暢泳的海灘

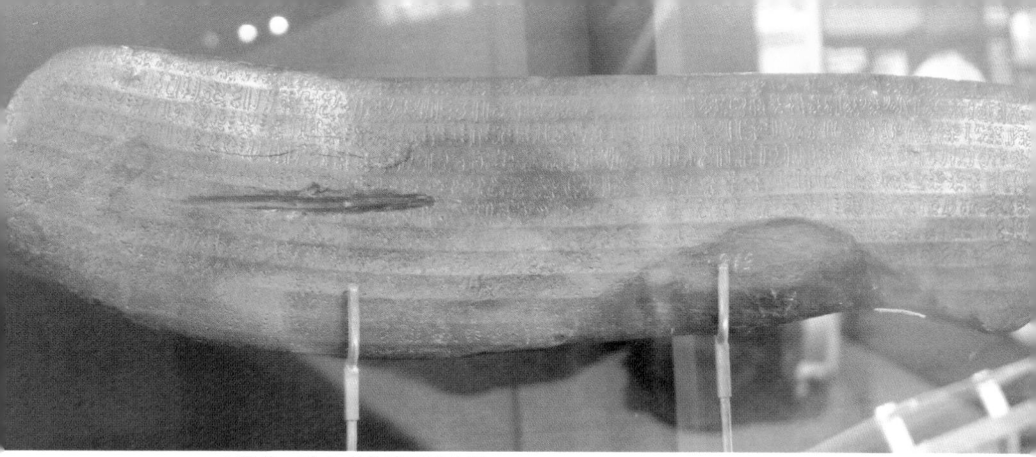

个隆戈·隆戈「會說話的木板」

最後20塊無解的隆戈·隆戈

阿納凱納海灘不僅僅是國王當年登島的地點，而且這裡曾發現過島上唯一的木板古文字，證明這區曾經是文化政治的中心。

講到木板留下的古文字，其實是刻在木板上密密麻麻的符號，猶如象形文字一樣，有的像人、像鳥和魚；有的從右至左，有的又從左到右。究竟「文字」代表什麼？現在世界上只留下

个古法以石頭燒烤的魚

↑原住民歌舞熱鬧滾滾

二十塊這樣的木板，已經無人能夠解讀，使它們又成為島上的另一個謎團！

根據考古學家猜測，這些是古人隨身攜的「書本」，用來歌頌神靈的詩歌和神話等。島民叫它做「隆戈．隆戈」（Rongo Rongo），就是「會說話的木板」的意思。我直到後來前往復活節島市中心的博物館，才親眼見識到這些古文字木板。

離開海灘後，我返回酒店稍事休息。剛好見到廚師從烤爐取出採用古法以石頭燒烤的魚，只見他拆開裹著海鮮的棕櫚葉，香氣撲鼻而來。儘管我才剛在海邊享受過石烤海鮮餐，此時也不禁被令人垂涎欲滴的香味所吸引。

下一個行程是到市內的劇場，觀看

正宗的地方藝文演出。表演者不僅在台上載歌載舞，也不忘和台下觀眾打成一片，滿場熱鬧滾滾，大伙都非常融入其中。我發現這些表演者的裝束、表演用的道具、樂器，乃至於舞蹈和音樂，都和從前在新西蘭、斐濟觀賞過的當地原住民表演非常類似，不愧都屬於玻里尼西亞人。

↑天主教堂與唱詩班的兒童

翌日，我來到市中心區安卡羅阿（Anga Roa），這裡是復活節島的首府，島上的人民都聚居在這裡。市中心並沒有高樓大廈，居民都住在木結構的簡單平房，街道看起來十分簡樸、整齊而乾淨，民宿酒店、商店等都集中在兩條主要大街上。

我在街上見到警察巡邏。導遊說，島民熱情好客，道德水平很高；島上治安非常良好，少有搶劫和刑事犯罪。因此，這兒雖然有一座監獄，卻長期空無一人。

市內有一座天主教堂，這天剛好是周日，一大早教堂就擠滿教徒，準備參加彌撒禮拜。一群身穿白色整齊制服的兒童唱詩班，用獨特的旋律，向信眾報上福音，整個小市區響遍他們的天籟之聲。

↑博物館外牆上展示幾百幀拉帕努伊人後裔的照片

我專程前往此處唯一的博物館，館內陳列許多珍貴的出土文物，透過實物加深我對文化、文明進程的認識。另外又有圖文解說摩埃的製作過程、搬運方法。更為難得的是終於見到了摩埃失落的巨型眼睛、圖騰石刻和島民的原始工具等。

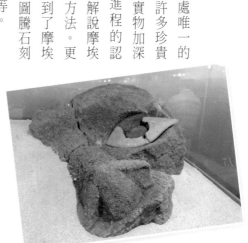

館外的牆上展示幾百幀島民的照片，他們就是原拉帕努伊人的後裔，據說現在只剩下不到五百人了。再過幾十年，等這些人亦被同化後，原島民恐怕就變成歷史。

↑摩埃失落的巨型眼睛

鳥人比賽的攀岩場

離島之前，我安排的最後一個活動，是獨自租一艘快

↑從海上可以看到不少摩埃，都是面朝陸地

↑近距離看清楚鳥人比賽的小島

艇，從市內的碼頭出發，在南太平洋上乘風破浪，直駛向奧隆哥村莊的下方海面。

由下往上望去，更可感受到懸崖絕壁的險峻；進而穿梭於一千多米以外的三個小島之間，近距離看清楚小島的模樣，再遙想「鳥人勇士」是如何戰勝波濤洶湧的海浪，攀上這些嶙峋的岩石尋找神鳥蛋，不由得更為佩服鳥人們擁有的非凡勇氣。

海上暢遊半天，我才回到酒店，收拾行裝，準備前往聖地牙哥，然後轉機秘魯，繼續我玩轉南半球、尋找印加王國的旅程。

偉大詩人巴勃魯．聶魯達另有一首《拉帕努伊》也與這座島嶼有關，我這趟復活節島旅遊，就藉長詩的第一節來做結語：

拉帕努伊，海洋的肚臍，
海的作坊，絕滅的冠冕。
自你的火山岩渣升起人的額頭，
在海洋之上；
石頭的眼縫度量著施風的宇宙，
舉起你石像們純粹的量的那隻手是中心所在。

秘魯

秘魯小檔案

秘魯共和國（The Republic of Peru）位於南美洲西海岸，在赤道以南，濱臨太平洋，與巴西、哥倫比亞、厄瓜多爾、智利和玻利維亞等國為鄰。全國面積有128萬平方公里，人口約三千多萬，是南美洲第四大國。首都利馬（Lima）位於秘魯中部、太平洋海岸邊，亦為全國第一大城市，是政治、經濟和文化中心；城市人口有九百多萬，占全國的三分之一。

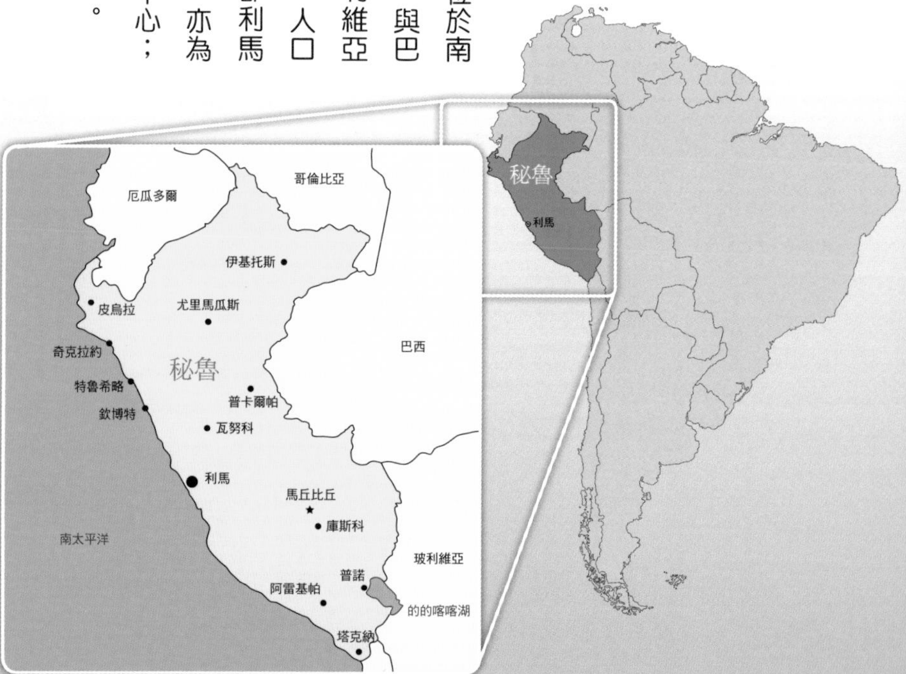

遙遠又神祕的國度

搭機將近三十小時，終於來到秘魯，才發現她除了有聞名於世的印加文化、代表印加帝國的馬丘比丘，更是世界五大文明古國之一。

我將在這個南美洲最古老的國度上，探訪印加文化之外，其他鮮為人知的神祕古文明，並乘舟穿梭在亞馬遜河上，見識雨林的野性與迷人風光。

從悲慘城市「利馬」開始

秘魯，一個遙遠而又神祕的國度。

說到遙遠，從香港到秘魯可真不是件易事：自香港出發，非得選擇由美國或歐洲國家轉機不可，全程飛行時間（含轉機時間）接近三十小時，如此長途，令很多亞洲旅客卻步不前。

再說到神祕感：秘魯有聞名於世的印加文化，以及代表印加帝國的馬丘比丘。

我與在北京認識的朋友周健和先生相交已久，雖經他多次邀請，我卻都因路程太遠而無法成行。終於在二〇一三年底，我參加了南極論壇南極行活動，因緣際會乘機繞道來到秘魯。

來到秘魯，才恍然了解到，她何止印加文化和馬丘比丘這麼簡單。五千多年的歷史使她成為南美洲最古老的文明古國，近二十年來的文物發現和考證，更使她晉身為世界五大文明古國之一，與古埃及、古印度、巴比倫和中國並列。我們所熟知的印加文化，居然不過是秘魯五千多年文明史中最年輕、最近代的一部分！

可怕的地方

在秘魯境內，古跡遺址比比皆是，我一到這兒就立刻被這些古文明所吸引。在第一趟的旅程結束後，我仍意猶未盡，半年之內又接二連三往返秘魯，前後算起來總共花了十五天的時間，在這片神祕的古老大地上尋幽探祕。

我是以首都城市利馬作為中心點，輻射狀向四方八面展開整個文明古國行程。還未來到利馬之前，已先接觸到不少負面消息，說什麼這城內盜賊如毛，治安混亂。美國詩人赫爾曼・梅爾維爾（Herman Melville）在其最著名的作品《白鯨記》中就曾經形容利馬是世界上「最奇特、最悲慘的城市（the strangest, saddest city thou can'st see）」；連秘魯本土的文學家薩拉薩爾・邦迪（Sebastian Salazar Bondy）都說這兒「是可怕的地方（Lima the horrible）」。

這些消息自然而然影響到我的心情，甫踏出利馬的機場，我便不期然緊張起來，行李看得更牢，也暗中留意身旁是否有什麼不尋常的狀況發生。不過這樣緊張的情緒很快地平撫下來，機場外頭的秩序看起來沒什麼異樣，僅看到接機的人群和爭生意搶客的旅行社職員。往後十多天的旅程，不單在利馬，甚至在其他各城市，都是治安良好、秩序井然，更別說碰上毛賊搶匪了，完全翻轉了我對這個古老國家的預設觀感，留下極佳的印象。

↑被評為利馬最佳的酒店Country Club Lima Hotel

中國人占秘魯人口11%

老朋友周健和先生的辦公地點就在利馬。我到這兒的第一時間，就先去拜會老朋友，了解當地的經濟環境。周先生在秘魯經營礦業，是當地的知名企業之一。他說近年中國的投資總額已超過一百多億美元，多數集中在礦業和基礎建設，對全國的整體經濟有著舉足輕重的作用，目前移居秘魯的中國人已占全國人口的百分之十一。

利馬這座城市跟其他南美國家的首都一樣，都有新舊城區之分。新區基本上是經濟商業區，老周領我到聖伊西德羅區（San Isidro），品嘗當地特色的海鮮午餐。附近有一座舊建築具有南歐殖民色彩，現已改建為星級酒店Country Club Lima Hotel，被評為城中最佳的酒店。老周表示若下次我組訪問團再

←唐人街上熱鬧的人潮

↓利馬唐人街的中式牌坊

來，這兒應是最好的選擇。

新區除了林蔭夾道，還有風格樣式多變的平房，環境寧靜優美，是富人的豪宅區。附近的商業區與一般商業城市無異，高樓大廈大約十到十五層樓，是政府辦公樓和商業金融中心。

舊城區中，有條長約三百多米的步行街，一端豎立了一座中式牌坊，上頭寫有「天下為公」四字。原來這一帶聚集中國人經營的餐廳、酒樓、雜貨店和各式各樣的商店，不僅僅是利馬的唐人街，更是整個南美洲最著名的唐人街。我好奇街上「CHIFA」招牌舉目可見，原來這個源自於「吃飯」發音的字，已經成為中式餐廳的代名詞。看來它們不僅深受秘魯人民歡迎，也說明華人對秘魯飲食有著很大的影響。

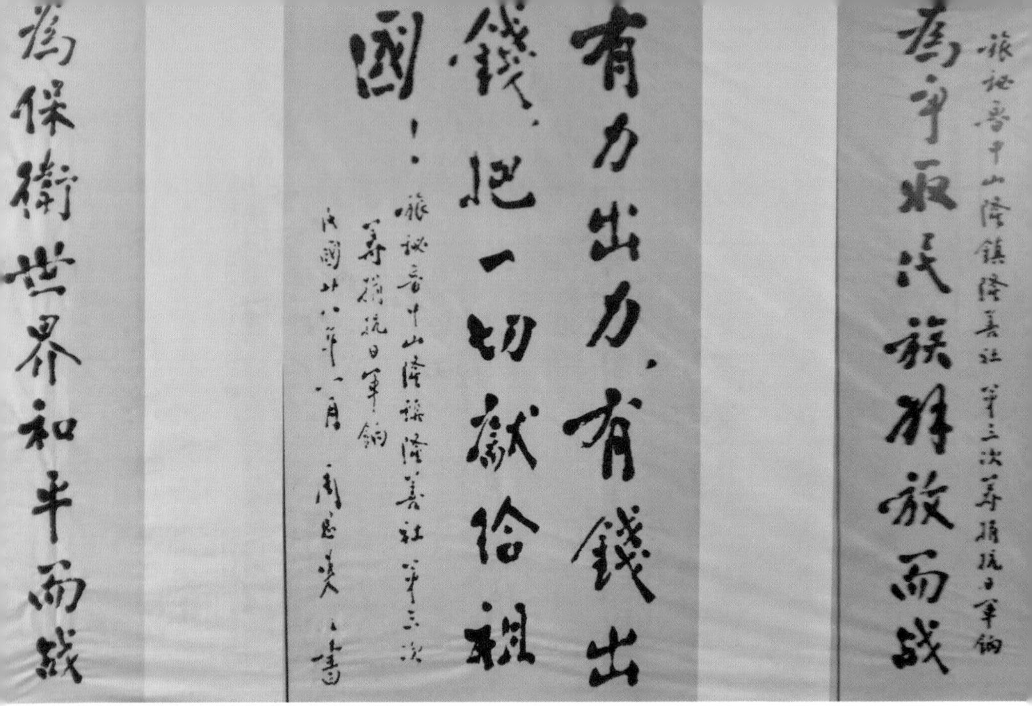

↑周恩來墨寶

華工血淚史

我受到秘魯中華通惠總局的蕭孝權主席接待，參觀總局設在唐人街一棟三層樓房的總局辦事處。大堂上懸掛著一幅由清光緒御頒的「覆幬無私」的橫匾，已經有一百二十多年歷史，證明華人在秘魯旅居的歷史悠久。辦事處一隅陳列周恩來總理「為爭取民族解放而戰，為保衛世界和平而戰」和「有力出力，有錢出錢，把一切獻給祖國」的複製墨寶。蕭主席指出，在抗日戰爭期間，旅居秘魯的華僑響應國家抗日救國的號召，與全世界愛國同胞一道，為抗日籌募軍餉。當時部分的重慶政府要員，包括周總理在內，為籌募軍餉活動送出一批墨寶，讓僑胞出資收藏。今天這批珍貴墨寶，已由華僑組織重新搜購珍藏起來作為紀念。

↑中華通惠總局

中華總局一直秉承「通商惠工，服務僑胞」的宗旨，繼續為發展中秘兩國關係而努力，在當地還辦起中文報紙，興辦孔子學校，弘揚中華文化，今天在南美洲有相當高的社會地位和影響力。然而，三百多年前，華人先輩們遠涉重洋，來到這裡開荒、挖礦、築路和經商等。他們的經歷，可都是一本本辛酸的「華工」血淚史啊！

↓大堂懸掛由清光緒御頒的「覆幬無私」橫匾，已經有一百二十多年歷史

老城漫遊

離開唐人街後，繼續沿著鋪有大石板的狹窄步行道前行，就會來到老城的武器廣場，現在又叫做馬約爾廣場（Plaza Mayor）。這座廣場算是老城的中心區，有十多條街道自廣場向四面幅射狀延伸出去，使得城市布局如棋盤一般。

武器廣場周邊

最早之前，老城是由西班牙殖民統治者弗朗西斯科・皮薩羅（Pizarro）建成，自

↓十多條街道自廣場向四面幅射狀延伸出去

一五三五年便已經是西班牙帝國在南美洲的總督駐地，又是重要的行政、文化和宗教中心，這座四百多年的著名古城仍然保留西班牙風格的寬闊廣場。

本來廣場上有一座皮薩羅的騎馬銅像，紀念他發現和建造利馬的功績，不過銅像的命運也如同其他南美國家一樣，因為受到印第安人的反對而被迫遷移了。

這一天，廣場中央青銅鑄造的噴水池邊，聚集不少市民，因為數名穿著整齊制服的樂隊成員，手持結他（吉他）或曼陀林一類的樂器，在廣場演奏起拉丁美洲的音樂，引得旁邊的民眾也跟著載歌載舞起來。這場意外的街頭表演令人又驚又喜。

↓廣場上載歌載舞的人們

↑肅穆的總督府

圍繞著廣場的是典型巴洛克、哥德式和羅馬式建築的總主教宮、大教堂和總督府（Palacio de Gobiermo），其他則多數是外牆漆有西班牙式黃土顏色的平房，少部分則漆上其他鮮豔的顏色。

有些二、三層高的平房，樓下是商店，二樓外牆上凌空懸伸出來的木製陽台格外顯眼，這種陽台是西班牙殖民時期的建築風格，雕刻圖案非常精美，有些很像是中式的窗花雕飾。

其中有一座Palacio Torre Tagle，格外惹人注目，雕刻尤其精緻。目前作為外交部的這棟建築無論是正面或穿越正門之後的內部，均保留著傳統的韻味，值得細細品味欣賞。

一九七〇年，秘魯曾經發生一場可

↑市政宮的外牆是西班牙黃土色

↑凌空懸伸出來的木製陽台格外顯眼

↑Palacio Torre Tagle的陽台雕刻精緻

怕的地震災害，老城區也遭受極為嚴重的破壞。市政府為了恢復老城昔日的美貌與榮耀，多次發動市民出資維修，把老城打造成一座「陽台之都」。一九九八年老城被列入世界文化遺產名錄，是旅遊利馬的主要景點。

秘魯版「最後的晚餐」

老城最具代表性的，莫過於聖弗朗西斯科修道院（Monasterio de San Francisco），修道院也遭到一九七〇年那場地震的損毀，現今是經過修復才重新開放的。

修道院屬於西班牙巴洛克建築，不過有部分的迴廊設計融合摩爾人的風

→聖弗朗西斯科修道院

←修道院內的祭壇

↓烤天竺鼠

格，點綴伊斯蘭圖案的色調，內部裝飾也非常美麗。

然而其中最有價值的，要算是院內收藏的藝術精品了，包含基督、聖母、以及雅各和十二個兒子的油畫；此外，秘魯版「最後的晚餐」也不容錯過，基督和門徒用餐的內容是南美洲的傳統菜餚，其中還包括cuy，也就是豚鼠（天竺鼠）。我後來在遊歷的的喀喀湖（Lago Titicaca）後，返回胡里阿卡（Juliaca）小鎮時，也曾經在鎮上餐廳享用過烤天竺鼠的菜餚，滋味相當不錯哩！

此外，圖書館內二萬五千冊的古籍，包含六千多本羊皮書也都是鎮院的珍貴文獻。

修道院還有另一個舉世聞名之處：地

庫原是墓地，埋著歷年修道士的骸骨，是名副其實的「萬人坑」。無以計數的骨頭呈放射狀排列，場面著實有些毛骨悚然。

利馬的博物館很多，其中三座享譽世界，分別是國家考古學、人類學和歷史博物館（Museo Nacional de Arqueología, Antropología e Historia del Perú）、秘魯歷史博物館（Museo de la Nación）和拉爾科．埃雷拉博物館（Museo Larco），不過我在利馬選擇參觀的，並非這三座，而是黃金博物館（Museo Oro del Peru）。

黃金博物館屬於私人博物館，裡面不單收藏歷代金銀製品，還有木乃伊、服飾、陶器，更收藏了十六世紀以來相當多數量的各種兵器、佩刀、火槍，連中國早期解放軍的軍帽也在收藏品之中，真是十八般武器應有盡有。私人收藏能有這樣豐富的資源，實在也不簡單。

時值用餐時段，我已飢腸轆轆，便依司機提議來到一間面對太平洋的海濱餐廳。雖然餐點是不太受我青睞的海鮮餐，卻意外地欣賞到一場秘魯的民族歌舞演出。

水兵舞和剪刀舞

其中包括秘魯的國粹馬里涅拉舞（Marinera），就是水兵舞，名稱的由來是為了紀念與智利戰爭中的海軍。這種舞蹈由男女兩人共舞。我發現舞者的服裝非常講究，男士穿上整套白

↑印第安人傳統的剪刀舞

↑馬里涅拉舞

衫，罩著麻布的披風，頭上還戴頂帽子；女的就顯得十分絢麗華貴，穿上一襲巧工製作的白裙。男舞者穿著皮鞋，女舞者則是赤腳。兩人各持一條手帕，據說這是馬里涅拉舞的「標準配備」。在背景急促而熱情奔放的音樂下，只見寬大的裙擺和披風分別因男女舞者的動作而飛揚舞動，感覺有點像西班牙佛朗明哥和阿根廷探戈的混合版。

山區高原印第安人傳統的剪刀舞最令我耳目一新。舞者穿著鮮豔的民族服飾，右手持著兩個鐵片，就像是一把沒有鉚接的剪刀。配合悠揚的豎琴音樂，在台上做出翻滾、跳躍、倒立旋轉等動作，剪刀一開一合，發出鐵器撞擊聲，清脆響亮。

後來我從導遊的口中知道，這是秘魯獨特的民族舞蹈，是安第斯舞蹈中最具代表性的，被認為是秘魯的國家文化遺產之一，每逢官方的文化活動和重要儀式，一定會有剪刀舞的演出。

前印加時期的創世之神

利馬市的一處山上，有座無名戰士紀念碑，高聳碑前的平台正好可以讓我俯瞰這座地貌獨特的城市。市內地勢高低起伏，許多商業大樓和民房社區，就建在海邊的懸崖或山丘上。

附近不遠處，立著伸開雙臂的太平洋基督像（**Christ of the Pacific**），外型和著名巴西里約熱內盧的基督像非常相似，也曾遭受熱議。

↓無名戰士紀念碑

今日雲層很低，壓在整座城市上方，顯得天色特別陰暗，霧氣茫茫，視野並不算太好，卻掩不住面前太平洋的浩瀚、綿延數里長的海灘，和一條紐帶般的濱海大道。

比印加帝國古老的帕查卡馬克遺址

登高望遠之後，下一站是離市中心約三十公里外的「魯林谷地」。一片黃沙沙漠上，座落帕查卡馬克神廟遺址（Pachacamac），由龐大的土坯和夯土壘起來的建築群組成，其中包括一座最高的太陽

↓太平洋基督像

↑遺址由龐大的土坯和夯土壘起來

←博物館內的遺址模型

廟（Temple of the Sun），另一側則是月宮廟（Temple of the Moon）。

這個遺址在秘魯古文明史上占有重要的地位，它比印加帝國還要古老，起源時間甚至可以追溯到公元前兩百年。前印加時代的人民奉帕查卡馬克為法力無邊的「創世之神」，也是地震之神。這兒大部分的建築物是在公元八〇〇到一四五〇年之間建立，即使在印加帝國入侵後，這地方也一直維持行政與宗教中心的地位，是秘魯中部海岸最著名的神廟，鼎盛時期在十五世紀，直至一五三三年才被入侵的西班牙人毀壞。

遺址占地四百多公頃，入口處是一座小型博物館，我們在這邊簡單了解遺址的歷史，並且欣賞挖掘出來的陶製品。

↑修復後的遺址

↑太陽廟

↑月宮廟

遺址巨大建築的地基由石塊鋪墊而成，上頭繪有彩色圖案。二○○七年一場地震使它部分受到損壞，不過目前已經重新修復。我沿著開闢的步道按次序逐一參觀，探索這個古老遺跡。

正門有一座宮殿縱橫交錯如迷宮般，叫做Mamacona/Acllawasi，也被稱為月宮廟。在印加時期，從貴族或上層家庭中挑選容貌姣好的少女，將她們集中起來，在宮內接受各種技藝訓練。待她們長大後，美麗的少女會被選為王妃，而相貌稍遜的則成為宮女或者宮中教師。

其他還有十多座不同功能的

建築，如宮殿、廟宇、金字塔、墓地等，區域內甚至包括設計完善的水池、水渠系統。

最後我登上六層高的太陽廟，廟中有個觀象台，過去是祭師們觀看日照，制訂曆法的地方。我來到的時候，恰巧遇到一群考古學生正在台上進行考研活動，還與他們互動交流一番。

遺址仍在繼續開掘中，考古學家們努力復原神廟的原貌，希望為古文明研究提供更多的資料。

神廟遺址周圍是一些不規則的平房，導遊說那一帶是棚屋，是利馬的貧民區。棚屋外觀簡陋破敗，聽導遊說，有些棚屋只有四根木棍，中間圍著葦草蓆，棚頂也不過蓋上茅草，與我早先去過的委內瑞拉卡拉卡斯貧民區沒有多大分別，這大概就是所謂「拉美化」貧富懸殊的現實社會現象。

利馬文明的金字塔遺址

接下來，我又折回老城區參觀秘魯文化部在七年前斥巨資重新修復區內的華卡．布亞納金字塔（Huaca Pucllana）遺址。

金字塔本身以黃土磚砌疊起來，看上去像一片黃土堡壘，其中的七個小金字塔是舉行祭禮的地方。過去我只聽過古埃及金字塔，原來南美也有金字塔這玩意兒。這座金字塔屬於利馬文明（Lima Culture），年代比印加文明更早。

為了讓遊客認識古代人的生活，金字塔區內，還以模型呈現製作陶器的過程，同時栽種各種的植物，圈養羊駝和野雞等動物，重現原始村落的樣貌。遺址內的模型甚至包括祭祀儀式，在我看來，這群泥人的造型和服飾倒不太像印第安人，反而與遠在萬里外的中東人或亞洲人有點接近。

聽說因為政府修建金字塔古蹟，為周邊環境帶來不少好處。由二〇〇七年到今天，圍繞金字塔這一區的地價，每平方公尺已經飆升了150%，區內環境衛生改善，治安也變好了。或許連政府都未預料到古蹟的保育重修反倒成為該區增值的主要原因。

↑華卡・布亞納金字塔

↑以模型呈現製作陶器的過程

↑重現祭祀儀式的模型

勇闖亞馬遜雨林部落

這一天，我把行李輜重寄存在利馬酒店，一身輕裝啟程前往秘魯北部。

亞馬遜河邊有座小城叫做伊基托斯（Iguitos），來這裡沒有其他交通工具的選擇，只能依靠航運輪渡和內陸航機的服務。到目前為止，小城仍然沒有建立陸路的鐵路和公路網，基本上與外界斷絕聯繫，猶如一座隱藏在亞馬遜河區的「孤城」。

我選擇伊基托斯作為往亞馬遜雨林探險的門戶，是因為秘魯旅遊業開放才剛剛起步，保留更多的原始生態，商業味不及巴西的濃。另一方面，從地理上來看，亞馬遜河的源頭幾乎有一半河域就在秘魯這邊。一般提到亞馬遜河旅遊，大家會先想到巴西，是因為巴西的宣傳和起步較早，名氣較大。

Vicky小姐是我在巴西旅遊時認識的導遊，相談甚歡。這次到秘魯旅遊，儘管並不在她的「服務範圍」內，但在我的情商之下，她也撥空陪同，讓我在四周充斥西班牙文、語言不通的情況下，放心不少。

↑三輪摩托車是城內的主要交通工具

我們首先飛越奇峰兀立的安第斯山，來到亞馬遜河域叢林區。從空中往下望，綠色叢林綿延萬里，一條蜿蜒曲折、宛如巨蟒般的白色河道貫穿其中，它就是世界第二長、流量最大、流域最廣的亞馬遜河了！

源源不絕的河水自秘魯的阿雷基帕開始，流經巴西，最後匯入大西洋。河道周圍是占世界叢林面積三分之一的雨林，而我們所要探險的地方，就在這美麗的S型圖案間。

在「孤城」與當地的探險嚮導會合後，我們搭上城內的主要交通工具——三輪摩托車，沿著兩側棕櫚樹的公路，朝市中心的武器廣場疾行。

從車內往周遭看去，沒有半點城市的

商業氣息，更別說高樓層的房子，儼然就是一副小村莊的景象。事實上此處原是土著的漁村，直到十八世紀歐洲傳教士到來，建起碼頭，才開始有村鎮的形態。後來又興起橡膠業，並探勘出石油，便更進一步發展成如斯這般的規模。

小城的中心區有三條與亞馬遜河平行的主要道路，還有其他縱橫的小街道。我們入住的旅館就在市中心的武器廣場內，廣場的命名和其他秘魯城市無異，同樣具有西班牙的殖民特色。我們撂下行裝後，馬上乘上出租三輪摩托車，風馳電掣直奔亞馬遜河雨林。

貝倫市集的奇珍異品

我們的預定行程是先到岸邊碼頭，乘搭快艇後順流至河中的叢林區探險。十一、十二月適逢雨季，嚮導告訴我們，連日大雨才剛結束，河水泛濫時曾經淹過碼頭和陸地，因此泥濘滿布，行動要倍加小心，以免滑倒受傷。

碼頭前面是貝倫市集（Mercado Belen），雖然此時已過了早上市場最繁忙的時段，行人疏落，不過市集攤檔上充滿五顏六色的「奇珍異品」，相當吸睛，讓我禁不住把腳步放慢下來，仔細看個究竟。這兒可見到各式色彩鮮豔的水果、尖牙利齒的河魚、蠕動著的肥白蟲蛹、開膛破腹的水蛇，和說不出名稱的昆蟲動物，應有盡有，或許還包括什麼瀕危動物，不過在這邊，都成為盤飧的食材。面對這麼多外觀突兀又新奇的東西，我就像Discovery頻道的攝影師一樣，興味盎然地拿起相機拍個不停。

檔主還當場為顧客醃製燒烤各種食物，不過生活在都市的我們從來沒見過這些東西，別說試吃的膽量了，即使是多看幾眼，都不由得全身打起哆嗦來。

市場前面是以木材搭建起來的貝倫棚屋區，棚屋建在泥灘上，由木柱支撐著。樓下是空置的，只有樓上才住人，這是為了避免河水泛濫造成危險。

↑尖牙利齒的河魚和燒烤食物

↑蠕動著的肥白蠹蛹

↑貝倫棚屋區

↑以茅草做頂蓋的木船

探險木船直驅雨林深處

我們踩過淤泥岸邊，穿越木板搭建的棧橋，登上以茅草做頂蓋的木船。船上的空間還算寬敞，一次可乘坐多人。不過這一趟的乘客，僅有我們和嚮導三人。木船緩緩駛離碼頭，連日的大雨使河水混濁，河道上還漂流著粗壯的枯木樹枝。舵手靈活的操作船隻左閃右讓，以免受到枯木撞擊，造成船身破損。

船行十多分鐘後，嚮導突然急急呼喚我們，我順著他手指的方向看去，見到了一幕河道奇景：河面上居然出現一道「涇渭分明」的界線！

↑河面上涇渭分明的界線

↑寬闊的河道與遠處岸邊茂密的無垠森林

原來當亞馬遜的兩條支流——伊塔亞河（Rio Itaya）和黑水河（Rio Nanay）匯流時，由於兩者的溫度、比重和酸鹼度的不同，使匯合的水呈現出不同的色差，交匯處形成一條寬闊的自然分界線。這種地理現象我過去曾在書上讀過，沒想到可以在這裡親眼目睹，真是意外的驚喜！

這天河道上的船隻並不多，倒是經常可見軍方的巡邏快艇，嚮導表示，他們除了抓毒販和走私的不法分子外，還確保河道安全，讓遊客可以更為放心。

當天，亞馬遜河被烏雲籠罩，偶爾飄著微雨，河面上泛起陣陣漣漪。

我坐在機動木船的船頭，迎著拂面的河風順著河道徐徐南下，做好準備，要與這片既神祕又野性的雨林來一次親密的接觸。

說起來，我才剛結束兩個多小時的飛行旅程，

↑進入亞馬遜雨林

風塵僕僕，還沒有任何停留喘口氣，就即刻投入雨林探險，真感到有一點疲累了。不過在船頭，望見兩岸茂密翠綠的無垠森林，這樣旖旎的風光，令人如沐春風，頓時精神一振。

稍後，木船停泊在一片泥濘濕地邊。我們剛踏下木船，不免有些步履蹣跚，等到站穩腳步，就與小船暫時道別，正式進入有「地球綠肺」之稱的亞馬遜雨林。

雨林樹木參天，還有盤根錯節的蔓藤，走在其間，感覺相當悶熱，而且空氣潮濕，彷彿在一個蒸籠裡，讓我們大汗淋漓。舉目四顧，周遭充滿了綠色，此起彼落傳來各種蟲鳴鳥叫的怪聲。

嚮導走在前面，撥開長得如人般高的草叢為我們開路，沿途指指點點，介紹雨林的各種奇花異草，有時又順手拈來蜘蛛、馬陸等，把Vicky小姐嚇得花容失色。我好奇究竟什麼原因令嚮導無懼於這些毒物，

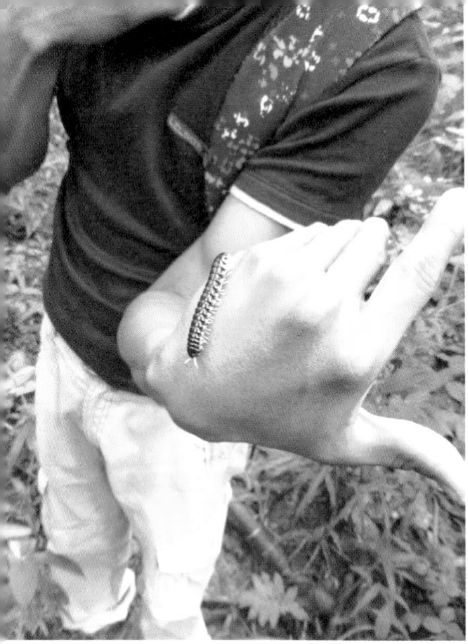

↑嚮導順手拈來馬陸

↑嚮導介紹各種奇花異草

是否有什麼百毒不侵的祕密？原來是因為白天昆蟲的警戒較鬆懈，沒有防犯。若是到了晚上，這類毒物就不再是善類了，又或者遇到牠們的交配季節和養育繁殖後代時，更是不好惹，會予以還擊。突然間從草叢撲來一隻不知名的飛蟲，我閃避不及，脖子上被叮了一下，馬上紅腫疼痛。多虧了嚮導的草藥非常靈驗，一抹後馬上消腫止疼，功效令人折服。

幾經折騰，我們終於來到掩藏在雨林中的小築。這裡有多間設備簡陋的茅屋供旅客住宿，而我們這天的午餐也安排在小築裡。

乘著午餐的空檔，我們走到外面的池塘邊，池面上浮著好些翠綠色的圓盤，它們就是俗稱大王蓮的王蓮（Giant waterlily，又叫Victoria amazonica），這種巨型王蓮的直徑小則一米，大的可以直達三米，相當可觀。王蓮開花時間剛過去，徒留下一個個的空盤了。

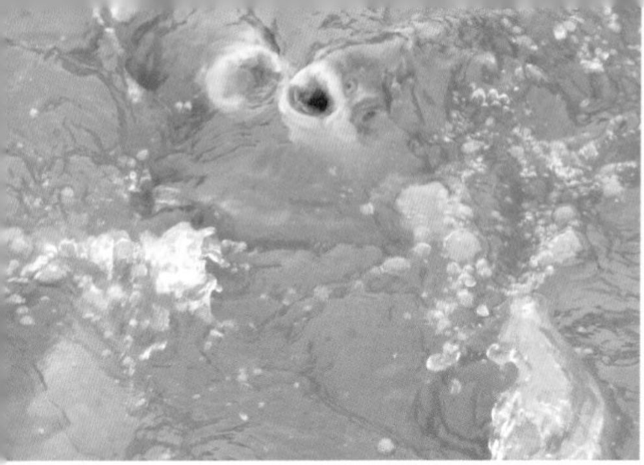

↑聞者膽戰的食人魚

↑雨林中的小築

↑爭先恐後的鱷魚

↑俗稱大王蓮的王蓮

王蓮塘旁有多個養魚池，池內是令聞者膽戰心驚的食人魚（piranha），不知是否嗅到人味，牠們立刻擺動起長約二十多釐米的紅色魚身，張開長滿利齒的大口，向我們游過來，一副來勢洶洶的模樣。

轉頭一看，旁邊的鱷魚也似乎爭先恐後的想要接近我們。在牠們眼中，我們究竟是餵食的人員，還是美味的餐點呢？

原住民的歡迎儀式

用過簡單的午餐後，嚮導

↑Yagua村落的原住民

→為作者舉行歡迎儀式

帶領我倆繼續挺進雨林深處。在一處Yagua村落見著十多位原住民，男女老少赤著上身，男的下身圍著草裙，女性則穿上紅布裙。見到我倆到來，所有人都一擁而上。

他們為我們舉行歡迎儀式，先用土法將胭脂樹的果實（Urucu）擠成紅色汁液，並將這種紅色液體塗抹在我的臉頰和額頭上。本來我極不願抹上，卻因語言無法溝通而被迫就範。之後再戴上羽毛冠飾，看起來倒有點族長的扮相。

接下來，這些原住民開始轉圈、奏樂、跳舞，然後表演

↑金剛鸚鵡

他們的絕活——吹箭，只見表演者手握三至四米長的竹箭吹筒，放入尖尖的竹簽箭，朝遠方的目標吹去，簽箭直飛向目標，一擊即中，搏得我們熱烈的掌聲。

聽嚮導介紹，他們的日常生活就是靠旅客的到訪，收取小費，以及售賣族人手工工藝品等，一部分的族人還到附近的林間旅舍當起服務員。他們除了保留原始的居所外，當地政府還為他們搭建棚屋，並派遣教師，為小孩授課，原則上已經是脫離原始生活的部落了。

不過，在亞馬遜雨林裡，仍然保存著超過一千多個部落，有的依然維持茹毛飲血、刀耕火種的狀態，以狩獵為生，過著自己的原始生活方式。聽說幾年前甚至還有發現食人族的傳聞。

雨林動物驚魂

亞馬遜雨林生長了幾十萬種植物，棲息著數千種魚類、鳥類，甚至是數百萬種昆蟲。我們乘獨木舟橫渡急流溪澗，就是為了追尋雨林中的紅吼猴（red howler monkey）、黃緣巨嘴鳥（yellow-ridged toucan），也就是俗稱的大嘴鳥、緋紅金剛鸚鵡（scarlet macaw）等。Vicky小姐一不留神還險些被草地上蠕動的大森蚺（anaconda）絆倒，回頭看清楚，差點沒把她嚇個半死。

我們在林區逗玩猴子和雀鳥，樂而忘返。直到夕陽西下，我們披著橘紅色餘暉，才終於乘上木船，掉頭返回貝倫區碼頭，結束一整天有驚無險的雨林探險。

↑雨林中的紅吼猴

↑草地上蠕動的大森蚺

↑黃緣巨嘴鳥

伊基托斯市速覽

遊畢雨林後，我們回到伊基托斯市內度過寧靜的一宵。隔日清早，我乘著晨曦的薄霧，來一次市內的極速觀光。

我從酒店外的武器廣場開始，廣場面積很小，不過五百多平方米，中央豎立一座方尖紀念碑，紀念的是一八七九到一八九三年的太平洋戰爭（The War of the Pacific），此場戰事又叫做硝石戰爭，是為了爭奪硝石的開採權，秘魯聯合玻利維亞向智利開戰，最後卻是智利獲得勝利。

廣場應該算是小城最繁華的中心地

↓清晨的伊基托斯市

帶，每年的狂歡節都在廣場舉行，四周則是教堂、銀行、商店和餐館等，這裡除了全城唯一最高檔的El Dorado Plaza酒店外，大多是兩層樓的平房，外牆有的繪上印第安故事的圖畫，有的砌上整齊的彩瓷圖案，帶有一種特殊的南歐西班牙式風情。

在芸芸眾多的建築物中，我一眼就認出嚮導介紹過的「鐵房子（Iron House）」，它是城內最有名氣的地標，從柱子到牆壁都用鐵鑄成，是巴黎鐵塔設計師古斯塔夫・埃菲爾（Gustave Eiffel）的作品。鐵房子原建在巴黎，一八九〇年拆卸後遷到小城，重建於此，今日則具有雜貨商店、餐廳等等功能。然而光從外觀來看，完全看不出獨特之處，與一般房子無異，若非嚮導特別介紹，很難相信它原來出自名師之手。

↑武器廣場及紀念碑

我並未多加逗留，與這棟鐵房子擦身而過，迎著日出東方，往河邊大街走去。卻見前方沼澤濕地，淡墨的天空與河面上的茅草棚屋暈染在一起，幾隻木筏划過河面，泛起絲絲漣漪，輕輕蕩漾。乍然望去，還以為身處一片煙水迷離的江南。

↑繪上印第安故事圖畫的牆

越過沼澤濕地，更遙遠的前方是草木蔥鬱、與世隔絕的亞馬遜平原，或稱亞馬遜盆地（Amazon Basin），它是秘魯最大的自然保護區。裡面有更多的野生動物、鳥類和昆蟲，處處危機四伏，是探險原始叢林的最佳樂園。嚮導說那兒適合年輕的探險者，不屬於我這類年歲較長的旅客。早知如此，我十年前就該來這一遭才對。

↑以為身處一片煙水迷離的江南

↑有翼的飛魚，這是亞馬遜河獨有的罕見品種

↑熱鬧的市集展現當地人民的活力

我們再度搭上三輪出租摩托車，在市內縱橫，最終在城內最大的市集區停下來，隨同導遊開始穿梭集市內的橫街窄巷。市集內販售的乾貨，絕大部分都是「Made in China」，我興趣不大，馬上轉到魚類的攤檔和肉類的市場。攤檔擺著各式各樣珍奇的魚類海鮮，連食人魚都有；有的攤檔還提供即場燒烤，即買即食，非常方便。我還從筐內順手執起一尾有翼的「飛魚」，這是亞馬遜河獨有的罕見品種。肉類市場種類也是多得很：猴子肉、凱門鱷、海龜和巨嘴鳥，令人目不暇給。

蔬果的集市同樣充斥形形色色各類植物，就連水稻也沒有缺席。在這兒，種稻的方式不太一樣，當河水下降時，居民直接把種子撒在河邊的淺水帶，待水退去，地表露出時，水稻也自然發芽生長。

↑溫馴的河豚

↑巨型亞馬遜龜

大部分的河鮮、肉類和蔬果都來自亞馬遜的雨林，正應了我們的古語：「靠山吃山，靠水吃水」。

伊基托斯小城人口約二十多萬，大部分都處在貧窮線下，有相當多的人住在臨河岸或立於河中的棚屋內。這個區域內環境惡劣，居住條件非常差。我在河邊見到一堆堆垃圾，卻有不少兒童還在污黑的河水中游泳嬉戲，一副自得其樂的樣子，不免為他們的健康感到擔憂。

不過據說政府很重視下一代的教育，對適齡學童給予費用補貼。我在棚屋區恰好遇到兩位剛下課的學生，身上穿著潔白的校服，也不怕生，樂哈哈地跟我玩耍起來，性格樂天而善良。

在伊基托斯小城只剩下最後兩個行程，就是動物和鳥類的保護區。

我們在這兩個園區內，見識到很多珍貴稀有的動植物。像是巨型亞馬遜龜、溫馴的河豚，躲在掩護叢林中的大蜥蜴，還有模樣凶殘的狼、兇猛的美洲豹和禿鷲等等。

↑躲在叢林中的大蜥蜴

↑兇猛的美洲豹

我還見到一種會「走路」的樹木，叫做「卷柏（Selaginellae）」。當它生長的水分不足時，會自己把根部縮起，脫離泥土，隨風移動。等到遇上水源，就會伸展開來，把根部重新往下伸入土裡。好特別而有趣的植物，大自然真是無奇不有！

水族館內則養了不少亞馬遜河域裡的魚類，當然也包括凶殘的食人魚，我特別將牠們的面貌仔細看個清楚。

結束保護區的參觀，闖入亞馬遜雨林的行程便到此暫告一段落。

話說，我和Vicky小姐在回程利馬時，還發生一段意外而尷尬的小插曲。

當天的航班自伊基托斯出發後，途中在一處小鎮轉機，稍停之後再飛利馬。但我們兩人都未注意到登機證上的說明，到了中途站時，就急不及待跟著部分旅客下機，幸好及時被攔住，否則就會滯留在該不知名小鎮，並因此延誤下一段的行程了。

鳥島動物奇觀

一返回利馬，在酒店休息不過幾個小時，第二天凌晨四時，我們就摸黑出發，目的是到沙漠中探尋納斯卡地線（Nazca Lines）的奧祕。

納斯卡距離利馬有三百多公里，往返的車程需要七個多小時，為了保證路上的行車安全，酒店特別安排兩位司機輪流駕駛吉普車，同時又為我備好餐盒，讓我在路上用餐，非常細心。

吉普車披星戴月沿著世界上最長的泛美公路（Carretera Panamericana）往南疾走，

↓世界上最長的泛美公路旁景觀

此時路上往來車輛很少，直到車子駛離利馬後，天色方漸露曙光。我眼看太陽冉冉升起，把大地染成金黃色，窗外一片日出美景。

村莊、葡萄園、棉花田和玉米田等，一一朝後飛速掠過，我向著寸草不生的沙漠區域前行。公路兩側早已見不到高樓大廈，換來了簡陋的棚屋，就像火柴盒般零星散落在荒漠上。

沿途我們陸續停留幾個景點，首先來到皮斯科（Pisco）。它曾經在二〇〇七年被嚴重的地震摧毀，經過幾年的重建才恢復元氣，現在城市仍繼續建設中，還把附近的帕拉卡斯國家自然保護區和鳥島一併發展成觀光度假區。

兩千多年前的暗號

帕拉卡斯（Paracas）面臨太平洋，一八二〇年九月，秘魯的獨立戰爭就在這裡打響了第一槍。來自阿根廷的民族英雄聖馬丁（San Martin）率領艦隊，在帕拉卡斯半島搶灘登陸，大敗西班牙軍隊。為了紀念這場戰役，小鎮上豎立一座帆船造型的聖馬丁遠征紀念碑。

↓岸邊發現的大水母

↑大燭台圖案

不過對於一般旅客來說，更重要的是，若要前往有「鳥島」之稱的礁石岩群，帕拉卡斯就是必經之路。

皮斯科度假村酒店在帕拉卡斯有一個專用碼頭，我與其他旅客在此集合，陸續乘上快艇，朝太平洋上的目標——鳥島（Islas Ballestas）前進。

快艇在清澈海面上航行大約十多分鐘，船上的導遊突然呼喚大家注意對岸的紅色沙漠。我們順著導遊的手指看去，沙坡上出現一個清晰明顯的「大燭台（Candelabra）」圖案，既像三叉戟形的燭台，又像仙人掌樹，圖案非常巨大，高約兩百多米，寬六十多米，令人嘖嘖稱奇。

據考古學家估計，此圖案在山坡上已有兩千多年的歷史。然而，它究竟有什麼涵義、又有什麼功用，至今仍然眾說紛紜，沒有一個定論，不過大多數人的看法，認為這與古代帕拉卡斯人民求雨的文化有關。

最教人想不透的是，此處經常刮起暴風，經年累月的摧殘之下，圖案卻能完整保存下來，實在是一大謎團。

想像遮天蔽日的畫面

離開令人印象深刻的燭台圖案後，快艇繼續航向大海深處。不久，三塊巨型岩礁組成的鳥島終於在海天一色的大海上，漸漸進入我的視線內。

↑鳥糞是重要的資產

快艇靠近鳥島時，我清楚見到岩礁上密密麻麻遍布著海鳥，覆蓋整座島，數量多得嚇人。導遊介紹這座鳥類天堂，棲身著一百六十多種鳥類，有六百多萬隻海鳥，包括鸕鶿、燕鷗、海鷗、火烈鳥和塘鵝等。我不由得想像，倘若這些海鳥受驚一起飛翔起來，牠們張開的翅膀肯定會遮天蔽日，場面必然壯觀不已。

不僅如此，岩石上還積滿鳥糞，一陣陣鳥糞的惡臭味

↑海洋動物的共生世界

↑洪堡企鵝

↑海豹

隨風撲鼻而來，幾乎令人窒息。不過大家不要小看這些排泄物，前面提到過秘魯聯合玻利維亞對付智利的太平洋戰爭，除了稱做硝石戰爭外，也叫做鳥糞戰爭，因為爭奪鳥糞「主權」也是戰爭的起因之一。

原來鳥糞（Guano）是一種非常有價值的肥料，它包含氮、磷、鉀、鈣和多種有機物質，是歐美國家進口的一種高級肥料。此外，其中的氮、磷元素也是製造戰爭火藥的重要來源。

我記得早前在利馬時，就曾經從華僑處聽聞百年前華工移居秘魯時，靠著冒生命危險出海採鳥糞謀生。

↑快艇深入穿梭於群島的天然拱橋和岩洞之間

↑密密麻麻全部是鳥

↑與鳥近距離接觸

鳥島上不只有海鳥，海豹、海獅、海狗和洪堡企鵝（Humboldt Penguin）也與之共存，一起構築成一個海洋動物的世界。我們所搭乘的快艇，不但在周邊環繞觀察鳥群生態，甚至深入穿梭於群島的天然拱橋和岩洞之間，鳥類和海洋動物的逗趣模樣一覽無遺，每個人的快門都按個不停，恨不得用鏡頭把所有影像絲毫不落地捕捉下來。

飛越納斯卡地線

帕拉卡斯沙坡上巨型的「大燭台」遺址，讓我深深感到古帕拉卡斯文明的不凡。

翻開秘魯的資料，原來古帕拉卡斯文化早就存在，大約在公元前九百年至公元四〇〇年間。當文明發展到後期，在紡織方面尤其有著了不起的成績，出土的織品顏色絢麗，圖案變化多端且非常細緻。

誰天外飛來一筆

比帕拉卡斯文明稍晚發展起來，同樣也非常著名且成就斐然的，就是納斯卡文明。它的發展時間大約是公元前三百年到公元七〇〇年左右，與帕拉卡斯文明有些重疊存在的時間。它被認為是秘魯南海岸文明最為璀璨的時代，特別是展現在燒製陶器的技術上，從出土的文物裡頭可以發現，當時的陶器以紅、黃兩色為底，上頭描繪有鳥獸、草木和神怪形象的圖案花紋，讓現代人可以了解到當時人們的藝術水準和文明程度。

而當我飛越納斯卡地線之後，就更加佩服納斯卡人的驚人成就了。

納斯卡古文明最具代表性的，首推「納斯卡地線」了。一九三九年有一位美國的人類學家保羅・科索克（Paul Kosok）乘小型飛機飛過納斯卡大沙漠時，赫然發現地面上居然有著不可思議、令人費解的巨型地線圖案。原先，他認為這可能是前印加時代的灌溉系統，不過這個乾燥荒蕪、寸草不生的荒漠上，根本不可能存在灌溉。隨後，他又發現地線的「蜂鳥」圖案，是朝著日落方向飛去，於是認為大漠上的地線是一部「世上最大的天文書（the biggest astronomy book in the world）」。

其後更多虧了德國女數學家瑪麗亞・賴歇（Maria Rieche）的鍥而不捨，繼續發掘沙漠上的奧祕。一九四〇年開始，她成為保羅・科索克的助手，針對納斯卡地線進行繪測，甚至自一九四六年就直接定居在納斯卡，以便長期繪製地線的圖案及深入研究。她每日不辭勞苦清理覆蓋在地線上的沙石，從未間斷保護線條，留守地線一直到一九九八年去世為止。

秘魯政府為表彰她的畢生貢獻，特別為她舉行國葬，位於納斯卡的故居也改為博物館，讓後人參觀，紀念她在考古研究的成就。而她所寫的《Mystery on the Dessert（沙漠上的奧祕）》則成為研究納斯卡地線的經典著作。

↑公路在荒涼的孤山中蜿蜒，唯有幾處農園點綴出綠意

大漠公路盡荒涼

告別帕拉卡斯鳥島後，我重新乘上吉普車，風馳電掣深入萬里無人的戈壁大漠中。處在黃沙滾滾的公路上，我深深感受到那種「平沙莽莽黃入天」、「一川碎石大如斗，隨風滿地石亂走」的荒涼境況。

在瑪麗亞．賴歇的要求下，秘魯政府設法保護遺址，今天地線一帶已禁止車輛和行人進入，要參觀納斯卡古文明遺跡的

↑途中遇到協助指揮交通的人

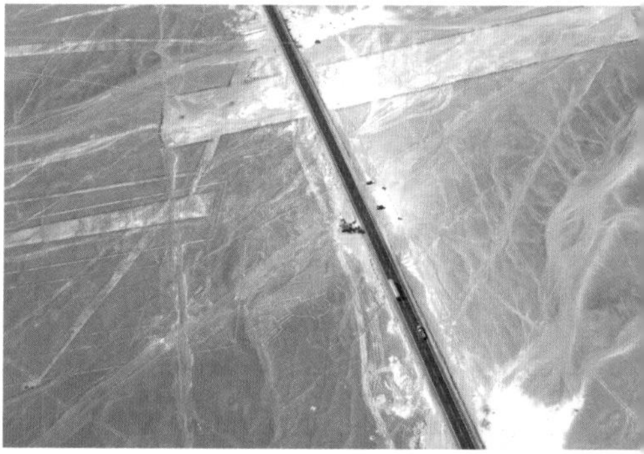

↑受泛美公路破壞的納斯卡線，以及受到瑪麗亞．賴歇爭取之後設立的瞭望台

全貌，唯有乘坐小型觀光飛機，衝上雲霄，俯瞰荒漠，才能目睹古人的驚人傑作。

當我來到納斯卡小型飛機的機場時，剛好趕上航班。辦好登機手續後，因為大漠風暴突然刮起，需要等風暴停了才能起飛，我就留在候機室裡。此時另外有來自加拿大的一家三口同時等候登機，我們遂攀談起來。聽他們說，這兒的小型飛機過去每年總有墜機事故發生，航線真談不上安全。現在雖然政府規管得更加嚴格，要求機上有正、副機師才能夠飛行，仍是無法達到零失事率。反而令費用高漲，使得搭乘小型飛機觀光的遊客減少。

風終於停歇下來，輪到我們登機了。而剛才那一陣風，把灰暗的雲層都給吹散，露出一片蔚藍天空。

不過閒聊中聽到這些不吉利的消息，讓我心裡總有點忐忑不安。尤其見到這家人臨登機前，一致地在胸前劃上十字，祈求上帝保佑，這舉措更是增加我不安的心情。

我忽然腦海浮現出台灣女作家三毛《萬水千山走遍》書中的附錄，由助理米夏所寫的〈飛越納斯加之線〉其中一節：「我坐在駕駛

↓搭乘的小飛機

↑蜘蛛

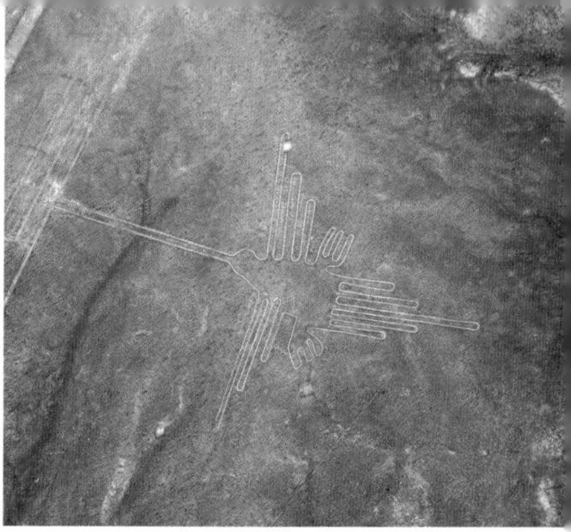

↑蜂鳥

員的旁邊，小飛機起飛的時候，他在胸前劃十字，我心裡就在想：『這一趟一定跟以前不一樣。』他的舉動給我一種很奇怪的感覺。由於這趟旅程的終點充滿了神祕色彩，駕駛員的舉動倒很適合這種氣氛。」

眼前的情景竟然和書中的描述有八分相似，但是既然來到這兒，不飛越地線，似乎顯得白來了這一遭，我唯有一笑置之。

所有乘客就定位後，小飛機一飛衝天，直朝目的地飛去。

在五百平方公里乾旱的岩石平原上空，駕駛員一面操作著控制桿，一面詳細地說明左右兩邊的圖案。地面上超大的圖形，包括三百米長的蜂鳥、108米長的卷尾猴、展開翅膀的兀鷹、又有貓頭鷹、蜘蛛等，還有一組組幾何圖形（geolyphs），像是直線、曲線、三角形等，以及動植物圖案（biomorphs）。

為了讓機上每一位乘客都能清楚看到地線的圖案，不顧此失彼，駕駛員讓小飛機來來回回飛行，大夥欣賞地線的機會非常公平。儘管小飛機在低飛時被氣流衝得有些搖晃，我還是緊握相機，爭取拍到「完美」的地線圖案。

空中四十分鐘盤旋飛行，的確是一次非常難忘的經歷。

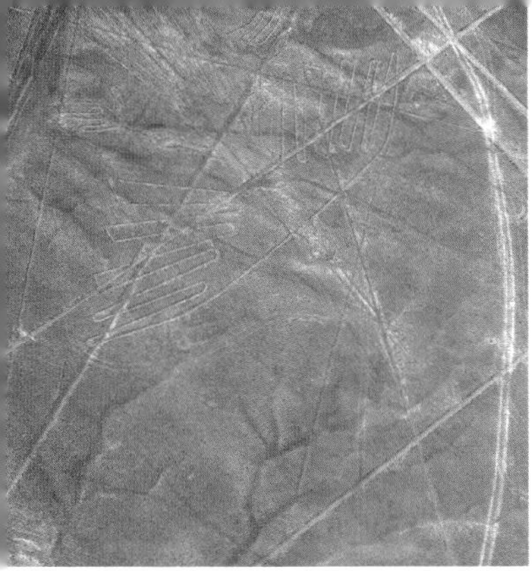

↑兀鷹

↑小人？外星人？

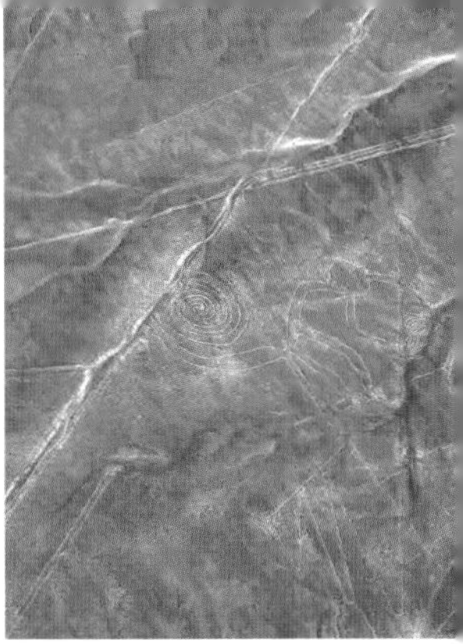

↑捲尾猴

待小飛機返航落地，我才終於呼出緊張的一口氣，慶幸平安無事。事後我獲得一張完成飛行的證書，也才敢發短訊傳給家人和同事，把所見所聞與大家分享。

我在回程路上，向司機探討起「沙漠上的奧祕」。這些地線圖案像迷宮一樣，分布面積如此廣，層次分明，有些甚至同一模樣像一個模子裡印出來，精確度實在令人吃驚又佩服，說明納斯卡的藝術家能夠非常精確的計算。在荒原大地上，古人缺乏大型搬運器材和巨型量度工具之下，竟然繪畫出如此美麗奇異的圖案，這些龐大的地線究竟代表什麼呢？迄今仍然是一個謎。就和「大燭台」一樣，科學家仍分成不同的學派，各自主張不同的解釋。

但也正因為這樣，納斯卡地線的魅力又帶著神祕感。甚至還有人說，這是外星人留下來的呢！

最終我只能帶著滿腹的疑問和驚嘆，原路折返利馬。儘管抵達酒店時，已是翌日清晨三點鐘，旅途非常艱辛，不過我仍大呼此行值得。

↑納斯卡線明信片

白色之城「留下來」

傳說，第四任的印加國王邁塔・卡帕克（Mayta Capac）來到一個被群山環繞的幽深山谷，受到該處的風景所吸引，於是喊了一句「Ari guepay（Yes, stay）」，即是「留下來」之意，成為阿雷基帕（Arequipa）這座城市名稱的由來。

阿雷基帕是秘魯南部的首府，也是全國第二大城市。其為一座高海拔城市，周圍有許多火山圍繞，包括三座大火山，分別是高5,822米的米斯蒂山（El Misti）、高6,075米的查查尼峰（Chachani）和高5,571米的皮丘皮丘峰（Pichu Pichu）。阿雷基帕就建在山谷中，外圍是秘魯的荒漠，它就彷彿是一座與世隔絕的城市。

現代的阿雷基帕是在一五四〇年由西班牙人建立的，雖然經過火山多次肆虐，不過城市一再劫後重生。在近三百年的殖民統治下，城中心的廣場建築仍保留著歐洲殖民時代的色彩，是到秘魯旅遊的重點城市之一。一般來說，要前往古城庫斯科（Cuzco）和漂流島的的喀喀湖（Lago Titicaca），都會行經此城。

↑用岩石圍起來的層層梯田

由於全城的建築大部分都採用當地一種白色的火山岩石Sillar作為外牆材料，在陽光的照耀下熠熠生輝，為它贏得「白城」的美稱。

我從利馬出發，航程大約一個多小時，飛越八百多公里的距離，才來到白城。一開始，先在導遊帶領下到城市外圍，參觀秘魯傳統農村的農民生活。

白城最美的觀景點，非Mirador de Carmen Alto莫屬了。此處遠離市中心，從高點望出去，遠方的米斯蒂山等群山巍峨，

↑辛勤採收的婦女

↑Mirador de Carmen Alto
是白城最美的觀景點

↑Iglesia San Juan Bautista大教堂

↑亞納瓦拉小鎮白色的石牆

下方一條湍湍流水的Chili河貫穿山谷，農田綠意盎然，山坡上還有用岩石圍起來的層層梯田。田地上牛隻正在細嚼慢嚥的吃草，一大群婦女在田地上忙著收集大蒜等農作物，烈日當空下，她們都做了防晒措施，但想必依舊是汗滴禾下土。呈現我眼前的，正是「日出而作，日入而息，鑿井而飲，耕田而食」樸實簡單的農村畫面。

聽導遊說，正在辛勤收集的婦女都是為應付農忙季節才被僱用的，她們趕著收割下來的大蒜，將會出口至巴西等鄰國。這些婦女大多數住在山上的簡陋平房，生活清貧；農田則是屬於富裕的農莊主。

寧靜的亞納瓦拉小鎮（Yanahuara）在白城近郊，穿過狹窄但整潔的小巷後，映入眼簾的又是格局一致、千篇一律的小廣場，與其他市中心的廣場差不多，中央是噴水池，周圍則有一座莊嚴宏偉的**Iglesia San Juan Bautista**大教堂和政府的辦公樓房。不過走到廣場外的觀景台，居高臨下可以欣賞到整座白城的繁華市容。

這趟行程出發之前，台灣亨強旅行社的陳總曾為我準備了一些有關白城的資料，我這才知道這裡有一個不容錯過的自然景點——科爾卡大峽谷（Colca Canyon）。

這是全世界最深的峽谷，比美國著名的大峽谷還深兩倍以上。據說站在上面眺望，可以感受到天之高、地之深的浩瀚遼闊，甚至伸手就可以觸摸到翱翔天際的飛鷹，令我聽了之後神往不已，恨不得馬上化作一隻雄鷹，展翅飛越萬丈深谷。

向導遊表達意願之後，導遊卻說，從小鎮往高山方向爬升，超過四個小時的車程，時間上並不允許，只能放棄這個景點，我唯有帶著一點遺憾，離開小鎮返回市中心，準備跟博物館裡的「冰美人」會面。

冰封的美人——胡安妮塔

為了補償我未能登上世界最深峽谷的遺憾，在返回市中心的路上，導遊順道安排前往殖民時期舊貴族的莊園參觀。莊園裡裡外外都是典型西班牙式的風格，經過翻修之後，現在的功能是度假旅舍。周圍一層層用岩石圍住的梯田，襯著圓錐形的米斯蒂大火山，景色怡人。

市區觀光點集中在市中心的武器廣場，如同先前所提到的，西班牙人占領一個地方時，有個先建起廣場做

←莊園裡的羊駝

↓一層層用岩石圍住的梯田

←阿雷基帕大教堂

↓卡薩里茨神學院

為行政區的習慣，白城也不例外。一條熱鬧的大街橫貫全城，連接武器廣場。栽種了棕櫚樹的廣場中央有一座大噴泉，為白色火山岩石建造的大教堂、行政辦公大樓之間，點綴上一點翠綠。

阿雷基帕大教堂（Catedral de Aequipa）歷史悠久，外觀宏偉華麗，兩座高聳的塔樓在兩側烘托著，凸顯它在教徒中的崇高地位。

隔鄰是一座建於一七三八年的卡薩里茨神學院（Casa Ricketts），雖然現今神學院已不再進行與神的對話和探討神蹟，變為一間世俗的銀行，但精雕細琢、典雅美觀的花紋圖案依舊抓住了我的目光。我特別留意到當地人都喜愛穿著傳統的秘魯服飾，看過去頗像中國雲南和西藏的民族服飾。

遊白城一定不能錯過冰美人博物館。由

聖瑪麗亞天主教大學（Catholic University of Santa Maria）附屬管理的冰美人博物館（Museo Santuarios Andinos），館內最受矚目的是著名的「胡安妮塔（Juanita）」冰美人。

進入博物館後，我首先觀看一套約二十分鐘的紀錄片，詳細介紹「冰美人」的由來。原來過去印加人愚昧地認為自然災難都是神靈所為，出於對大自然雪崩災害的畏懼，為了討好神靈並且加以安撫，便以少女做為活祭品奉獻給山神。

一九九五年，一次火山噴發後，考古學家約翰．萊因哈德（Johan Reinhard）進行探險活動時，發現了五百年前被送上安姆帕托山（Ampato）的「冰美人」胡安妮塔。因為地理環境導致胡安妮塔變成了一具冰封完整的木乃伊，她是當地第一具被發現的女性木乃伊，也是在美洲發現的木乃伊中身體保存得最完好的。

科學家把她送到阿雷基帕大學進行深入的研究剖析，揭開胡安妮塔的身世。據推測，「冰美人」大約死於十六世紀，由於受到自然的風乾，她的器官完好無缺。通過ＤＮＡ分析，還能夠了解她來自於秘魯何處的哪個部族，為研究印加文化的科學家們提供非常重要的線索。

發現胡安妮塔時，她渾身包裹在優質的羊駝毛披肩裡，周圍有些祭祀用品，包括陶器、金銀雕像、裝有穀殼、玉米穗的布袋等。裹著胡安妮塔的披肩並未因為幾百年的歲月而褪色，依然色彩絢麗、圖案精美，被考古學家稱為是世界上最精美的印加織物之一。

為了避免損壞這樣珍貴的木乃伊，博物館內一律嚴禁拍照，因此我並未留下任何照片。

↑院內的洗衣場

↑斜陽餘暉下的修道院

↑栽種鮮花的廣場

修道院中的祕密

最後行程是聖卡塔莉娜修道院（Monasterio de Santa Catalina），這是一座規模非常大的修道院，占了整整一條大街，加上高聳的圍牆所保護，宛如一座城中之城。

約一五八〇年一位富有的寡婦建起了這座修道院，為西班牙富有家庭的女子提供修道學習的場所。但可別以為這是個清苦修行的地方，她們雖然關起門來修道，但每個修女各自擁有自己舒適的房間，甚至還有傭人陪伴，生活一點都不艱苦，簡直就是換個地方繼續自己原本的享樂生活。直到一八七一年一位多明我會（或譯為道明會）修女的到來，這才揭開院中的祕密，並且改變修女原本的舒適生活。

走在修道院中，見到彩飾得色彩斑斕的外牆，數不清的房間之間，有著狹窄且交錯縱橫的街道，或是隱蔽的樓梯。走過一個轉角卻又可能發現一個栽種鮮花的廣場，格局相當特別，彷如一個被遺忘的世界。

莫切王朝遺跡巡禮

我為了探訪前印加遺址，再度飛越安第斯山上空，來到特魯希略（Trujillo），當地導遊卻姍姍來遲，差點連絡不上，讓我險些原機折回利馬，錯失這個探訪古蹟的機會。

小機場外面是空曠大漠，黃沙一片，好不荒涼，何故這裡會有「春城」之稱呢？導遊說特魯希略雖然是沙漠城市，但因接近海洋，氣候乾爽怡人，全年四季如春，陽光普照，雨量稀少，所以叫做「春城（The City of Eternal Spring）」。她擁有美麗遼闊的海灘，是一處度假勝地。

這個位於利馬西北面，距太平洋約五公里的沙漠綠洲城市，是全國的第三大城市。可別小看這個只有八十多萬人口的城市，周邊可充滿了大量的前印加古文明、遺跡，讓考古學家們蜂擁而至，現在幾乎每年都有新古蹟遺址的發現，是前印加文明豐富燦爛的發祥地。

經過荒涼的大漠公路，前往特魯希略市中心的途中，平房漸漸出現在我的視線。接著是又一座同名同姓的武器廣場，一樣的布局。經過這麼多城市，我早已接受秘魯這項城市文化特色了。

但特魯西略的武器廣場倒是令我眼前一亮。雖然廣場四周仍離不開那種西班牙式的布局，都是由大教堂、政府辦公樓、銀行、餐廳和酒店等建築組成，但所有的建築外牆卻都刷上鮮豔奪目的黃、藍、紅色等色彩，十分絢麗，襯上潔白的門、窗框，還有類似「鳥籠」的白色鍛鐵鏤花窗，別具一格，令人耳目一新。

廣場中央原來也是殖民者皮薩羅的塑像，幾年前在市民一片反對聲中，被一座宏偉的自由紀念碑取代。廣場四個角落是鮮花園圃，增添春天活力洋溢的氣息。

↑類似「鳥籠」的白色鍛鐵鏤花窗

↓武器廣場周邊建築外牆都刷上鮮豔奪目的顏色，十分絢麗

↑太陽神廟

前哥倫布時期最大建築

特魯希略東南五十公里，在公元一〇〇到七〇〇年間，就是莫切王朝（Moche）的所在地。鼎盛時期，王朝的占地面積達一百多公頃，現在遺跡則散落在莫切河谷荒原上。一九九一年才被發現的兩座巨型建築物東西相望，它們是昔日的日、月神廟（又叫

↑山下的月亮神廟

↑月亮神廟遺址

↑大祭壇一隅

↑七層的金字塔，每一層有各自的壁畫和彩色浮雕

做日、月金字塔）。

兩座神廟約建於公元五〇〇年，屬於秘魯前哥倫布時期（Pre-Columbian）的最大建築。兩者都由泥土磚砌成，其中以太陽神廟（Huaca del Sol）規模較大，資料上說明，它是用逾一點四億塊泥土磚塊砌建，裡面是多層建築，包含陡峭的台階、坡道和與地平面成七十七度角的牆體。考古學家根據它的結構，推論是莫切王朝的政治行政中心。這座神廟現在仍在挖掘研究中，所以並未對外開放。然而我從地面遠觀，實在很難辨認出那曾是宏偉壯觀的神廟，眼前所見只不過是一個巨大的沙堆。對面較小的是月亮神廟（Huaca de la Luna），這兒就可以讓旅客登上參觀了。

考古學家分析，認為是莫切王朝的宗

↑神話之牆

教中心。因為曾經歷不同時期，所以是用不同的建築方法一層層加建上去的，成為一個「七層」的金字塔，每一層有各自的壁畫和彩色浮雕，有些圖案像蜘蛛、雙頭蛇等，還有不少人物的圖像，包括武士和俘虜戰俘，有一幅神話之牆，上頭的圖案顯得熱鬧而逗趣。

從月亮神廟中出土的文物非常豐富，不僅有陶器、貴金屬等盛器、用具，甚至在遺址中還發現數十具男性屍體，考古學家們相信，這些是莫切文化中活人獻祭的證據之一。

我沿著考古學家築起的步行道登上月亮神廟最高層，可以清楚看見太陽神廟和月亮神廟中間一大片開闊的土地。當年莫切王朝在這兒居住著幾萬的人口呢！現在考古學家正埋頭苦幹，努力將城市遺址復原，以期讓莫切的輝煌重新展現在我們的眼前。

日、月神廟的腳下，是一座博物館，陳列自神廟出土的文物。我在館前見到一對長相奇特的動物，警覺性地守衛著。牠們看起來像是狗，卻渾身光禿禿，僅頭頂上有幾撮稀疏的毛。導遊對我介紹，這種相貌並不可愛的狗，居然是秘魯的「國寶」，叫做無毛狗，屬於稀有動物，雖然樣子很凶狠，實際上卻非常溫馴。因為體溫高達攝氏三十九度，患有關節炎和風濕病的病人摟抱著，還可達到治療的效果，真是「狗不可貌相」！

我的左膝患有關節炎，正好遇上無毛狗，導遊勸我不妨一試。我試圖伸手摸摸看，然而一碰到牠們滑溜溜的身軀，全身毛髮都豎了起來，雞皮疙瘩掉了一地，最後唯有敬而遠之。

↓無毛狗

沙漠中的海洋古城

跟神廟的無毛狗說再見後，我掉頭乘車前往東面的莫切河口附近，瞻仰奇穆文明（Chimu）的昌昌古城（Chan Chan）。

奇穆王朝同樣屬於前印加文明，比起適才參觀過的莫切文明神廟要遲七百多年，在十一到十五世紀，奇穆王朝曾經顯赫一時，是美洲的強大帝國，首都就是我眼前這座綿延數里的巨型土城。儘管經歷過六百多年的時代變遷，受到氣候與歲月的摧殘，古城依舊巍然屹立在黃土沙漠上，向後世展示他們不可一世的成就。

昌昌古城遺址早在一九五二年就被發現了，可是開挖工程緩慢，到目前為止居然還未能全部開挖，現在也只對外開放其中的一部分精華，也就是楚迪王宮群（Tschudi Complex）。以進度來估計，恐怕三年五載內大概依舊難竟全功。

一九八六年古城遺址已列入世界文化遺產名錄，據導遊說，來古城參觀的旅客並不多。果真我來到的這一天，連我在內只有寥寥十多人，不過這倒讓我更有餘裕從容遊覽古城。

↑古城的主廣場

↓遇到當地小朋友來參觀古城

一眼望過去，面前是一片黃土色，原來古城採用的建造材料就取自泥土，先烤乾成土磚，加入黏土、沙礫和貝殼等，再用火燒製而成。昌昌古城建於公元八五〇到一四〇〇年間，被認為是前哥倫布時期美洲最大的城市，也是世界上最大的土城。它被高達十米的土磚圍牆圍住，厚度約三米。

↑仿製的奇穆國王塑像，前面有一堆海螺、貝殼之類的物品

↑昌昌古城的建築遺跡

↑墓葬區

我在博物館查閱資料時，才了解到原來城牆可不是現在這樣的土黃色，而具有紅、黃、白三種顏色。當然經過歲月的沖刷，現在已經無法辨識了。

「昌昌」在奇穆語中意指「陽光充足的地方」，我來到的這天陽光猛烈、非常酷熱，不過還是堅持把古城遺址開放的部分全走完。

王宮群坐北朝南，住的是奇穆王朝的國王、王室人員和貴族，除了房間外，還有廣場、廚房、儲物庫、宗教儀式場地、行政統治和墓葬區等，功能非常清楚。

遺址內曾發現一百四十多口水井，宮中還有一座來自地下水的水

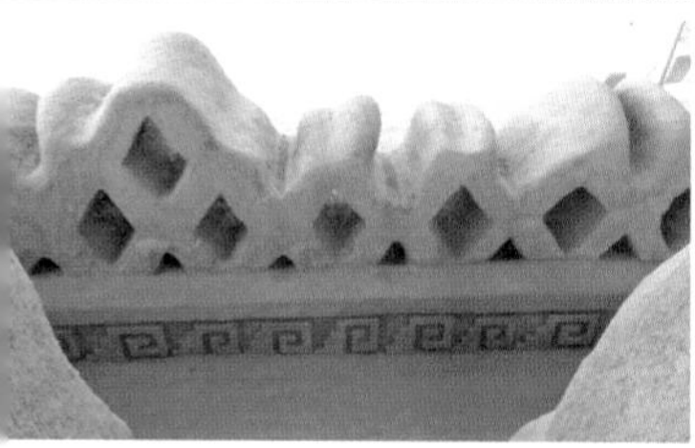

↑魚和鵜鶘的圖案

↑魚網和海浪圖案

↑人偶

↑來自地下水的水塘，滿布蘆葦，目前仍能飲用

塘，雖然滿布蘆葦，不過導遊說水質優良，目前仍能飲用，一直以來都是城內的供水處之一。

土磚製的城牆具有抗震作用，上頭可以見到菱形和三角形等圖案設計，還有形象生動的魚、海獺、鵜鶘和海鳥等，甚至連貌似中國「龍」的圖騰都出現了。房間之間的短牆則刻有對稱的漁網和海浪圖案。

為何這裡充斥著海洋的元素呢？傳說奇穆人以捕魚為生，國王來自海洋，因此非常崇拜海洋生物。我在遺址入口，見到一尊仿製的奇穆國王塑像，前面就有一堆海螺、貝殼之類的物品。

↑盛裝的馬術表演

↓騎士與少女熱舞

秘魯馬術表演

離開昌昌古城後，我到附近的莊園欣賞秘魯獨具特色的馬術表演，秘魯的馬術表演可是世界聞名的。

騎士盛裝出場，頭戴圓帽，穿著

斗蓬樣式的蓬丘（Poncho），策著氣質高貴的馬，在草地上表演特有的「花步走馬（Caballo de paso）」，接著指揮馬匹作不同的花式踱步，步法看起來瀟灑又優雅。騎士們風度翩翩，女士則隨著熱情豪放的音樂舞動寬闊的裙襬。即使是烈日當空，觀看這麼一場精彩的馬術表演，也算得上是愜意的享受。

年輕的女導遊用行動表示對於今早遲到的歉意，分秒必爭盡量讓我對春城留下更好的印象。

我們的午餐在臨近太平洋的萬查科小鎮（Huanchaco）餐館享用，我別無選擇地再次點了海鮮餐，雖然餐點乏善可陳，但面對著遼闊無邊的太平洋，波光粼粼，大海的景色令人陶醉。做為一個讓旅客度假曬太陽的海邊小鎮，本身沒有什麼特別的景點，唯一有特色的，大概就屬於排列在海灘上的「蘆葦」獨木舟吧！倘若尚未到過的的喀喀湖（Lago Titicaca），這種獨木舟就很值得見識一番，但我早前已經去過，這玩意便沒有多大的新鮮感。

↓「蘆葦」獨木舟

↑遺址位在海邊

↑土金字塔遺址

千歲木乃伊出土處

離開小鎮，我繼續前進沙漠盡頭、鄰近海邊的土金字塔遺址（Huaca Cao Viejo），這處人煙更少。沙漠上有五座土金字塔，與莫切王朝日、月神廟的建造時間應該差不多。不過這裡有個一大特色，就是曾經出土一具超過一千五百歲的木乃伊——高夫人木乃伊（La Dama de Cao）。如今「她」就陳列在高夫人博物館內，不過館內也是嚴禁拍照的。考古學家認為，高夫人應該屬於母系社會時期的統治者，死時年齡約二十到二十五歲。她的雙臂、雙腳有著蜘蛛和蛇的刺青，戴金銅合金的頭冠，冠上還有豹型圖案。此外，她蓋著金子織成的棉被，有幾分類似西漢馬王堆的金縷玉衣。其他出土文物中還有不少首飾、陶器和紡織品等。

我登上博物館後五層高的月廟遺址，牆上留著莫切文明的浮雕和彩繪圖騰。從最高層遠望，月廟對著大

↑彩繪圖騰

↑金字塔上的浮雕

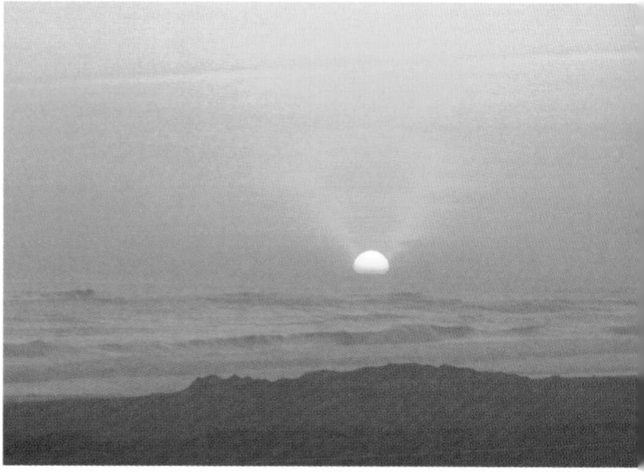

↑日落太平洋

海，前面是廣闊的廣場，周遭則被四座土堆般的金字塔圍住，也或許這兒是莫切王朝其中一座城市遺址。

此刻恰逢夕陽西下，我一時興起，索性靜下心來，虔誠等待日落太平洋的美景。

日落的景色確實令人感動。我看著一群群海鷗帶著餘暉歸巢棲息，大地一片寂靜，只聽到一波接一波的海浪衝擊聲。最後的半個太陽逐漸沉下海面，把大海染得鮮紅一片，正是「一道殘陽舖水中，半江瑟瑟半江紅」的詩情畫意。

聖湖的傳說

傳說中，水神之女Icaca愛上了年輕的船夫Tito，水神發覺後大感憤怒，不允許他們相愛，於是施展法術，淹死了Tito。Icaca得知後，悲慟不已，日夜哭泣，淚水成河，將愛人的屍體浮上水面，化成山丘，她則變成環繞山丘的湖，從此山水相依。如此至死不渝的愛情故事，感動了印加人，便把兩人名字合起來為湖命名，紀念這對苦命鴛鴦。

導遊說，這個有關「的的喀喀湖」（Lago Titicaca）名稱由來的憂傷愛情故事，多為印加人接受，流傳頗廣。不過其他相關的神話故事還很多，大概可以集合成一本神話故事集。

美洲豹的山崖

的的喀喀湖的名字唸起來琅琅上口，好像跳舞女郎穿上高跟舞鞋，敲擊地板所發出的清脆聲音。其實「的的喀喀」在印第安人語中，是「美洲豹的山崖（Rock of Puma）」的意思。它

↑鎮上造型酷炫的三輪摩托車

↑高原盆地上的普諾港

位於秘魯南部，是印加文明的發祥地，印加人尊它為「聖湖」。我對它慕名已久，秘魯行程中列入必遊的目的地。

從古都庫斯科出發，乘內陸航班不過一個小時，就降落在秘魯和玻利維亞兩國間的邊境小鎮胡里阿卡（Juliaca）小鎮。導遊並未安排市內活動，直奔的的喀喀湖邊的普諾港（The Port of Puno）。

一路上行經廣袤又荒涼的大漠，公路兩旁人跡罕至，偶爾見到一些已經廢棄的礦場和牧場。兩個多小時車程後，我們到達高原盆地上的普諾港——一個海拔三千八百多米高的小鎮，鎮上的平房多集中建在湖邊。

的的喀喀湖屬於秘魯和玻利維亞兩個國家，是兩國的「界湖」，其中百分之六十屬於秘魯，餘下的百分之四十則屬於玻利維亞。過去兩國亦曾為了保護各自的利益，而發生過爭端。

從前由於地殼劇烈變動，發生山脈的隆起和斷裂現象，形成一塊巨大的盆地，受到群山環抱。後來又經過億萬年的冰川作用，周遭群山冰雪融化的水源注入，據統計一共有逾二十五條川流不息的水流匯總於湖中。而出口僅有一處，流入德薩瓜德河（Rio Desaguadero）。

的的喀喀湖的海拔高3,821米，面積有八千三百多平方公里，水深平均有一百五十多米，最深處達到兩百八十米，是世界上海拔最高且大船可以通航的淡水湖。它擁有蜿蜒曲折的湖岸線，包括半島和港灣的地貌，以及湖中數十個島嶼，加上周圍群山常年冰峰雪嶺，景色非常秀麗。我們在用餐當兒聽著導遊引人入勝的介紹，巴不得立即放下刀叉餐具，動身遊湖去。

考古學家發現，的的喀喀湖的島嶼上分別有印加時代的神廟和宮殿的遺址，亦有蒂瓦納庫文化（Tiwanaku culture）的遺跡。傳說這湖區在一千多年前便有島民居住。當地人相信一則神話：他們所崇拜的太陽神派遣印加帝國的締造者曼科・卡帕克（Manco Capac）和瑪瑪・奧柳（Mama Ocllo）來到這片土地，將太陽神

↓的的喀喀湖是海拔最高且大船可以通航的淡水湖

↑破曉時分的喀喀湖，雲層稍厚，未見太陽升起的壯觀景象，湖水映出霞光的紅彩，湖中黑點是一叢叢的蘆葦

的知識傳授給人民，教導人們耕織，並帶領他們建立國家。國家逐漸擴大，並遷往庫斯科建立國都，最後以庫斯科為中心，發展成為庫斯科王國，以及其後的印加帝國。

我認為的的喀喀湖之所以成為印加人心中的聖湖，是因為這兒高海拔，接近太陽，此外它遠離塵囂，是保護他們逃避戰禍的桃源世界，聖湖的稱號不無道理。

當晚我們入住湖區內唯一的酒店Hotel Libertador，整座Esteves島被酒店經營者買下來，把原來在獨立戰爭時期的軍方監獄改建成一所星級豪華酒店。

我惦記著要在早晨觀看高原淡水湖的日出，因此徹夜不眠。還未到破曉時分，就獨自走到酒店外面的觀景露台，迎著高原的低溫，靜候「太陽神」的現身。

不多時，神祇果真從東方露出臉來，光華四射。不過當天雲層稍厚，並未見到太陽冉冉升起的壯觀景象，平靜如鏡的湖水映出霞光的紅彩。在微弱的晨光下，我這才看清湖中灑落一個個的黑點，並非小舟，而是一叢叢的蘆葦。直到日上三竿，朝陽的光芒灑遍整座聖湖之後，我才戀戀不捨地離開。

↓的的喀喀湖明信片（正面）

↑的的喀喀湖明信片（背面）

用草做成的漂浮島

接下來的節目可是我們期待已久的重頭戲。我們隨著導遊，登上觀光遊船，首先通過一條被蘆葦掩蓋得非常隱蔽的特別水道，它是從茂密的蘆葦蕩開闢出來，兩旁的蘆葦長得比人還要高。

↑被蘆葦掩蓋得非常隱蔽的特別水道

↑漂浮島

船滑過水道，差不多半小時後，眼前突然開闊起來。的的喀喀湖水澄如鏡、波光粼粼，映襯四面連綿的高山雪巔，蔚藍色的天空伴著朵朵浮雲。好一個景緻幽美，又不失大自然樸實靜謐的境界！

我還來不及驚嘆，就被許多座映入眼簾的「漂浮島」吸引住目光。

這些由四十二個獨立且大小不同的漂浮島組成的，就是烏魯斯島（The Uros Islands）。目前島民約有兩千多人，祖先是烏魯斯人（Uros）。千年以前，為了逃避一波又一波的戰禍和種族間的屠殺，被迫遷離大陸，移居到湖上。他們築起漂浮島，成了島民，一代一代延續下來，這些島由昔日避戰亂的安身地，居然變成今日的世界旅遊奇觀。

這與陶淵明《桃花源記》的詩中意境，竟然有幾分相似。「到處楊梅一樣花」，世界的變遷，人類的命運，無論中外都如出一轍。

為了讓我們體驗島民的生活，導遊將遊船停泊在其中一座

↑當地盛產拖拖拉草

↑穿著印加華麗服飾的島民熱情歡迎

漂浮島。穿著印加華麗服飾的島民熱情地接待我們登島參觀。

踏上「地面」的那一刻，有種軟綿綿、富有彈性的感覺，踩下去後就會略微下陷。經過導遊解釋，我這才知道這些草並非蘆葦，而是當地盛產的一種拖拖拉草（Totora）。島民還親自示範島的製作過程，先把草曬乾後，以繩索捆綁，組成若干的單元，再拼築成整座島。之後在島上同樣以拖拖拉草做為建材，搭起房子，結構非常安全穩固，導遊叫我們大可放心。這種草不僅可以作為建島材料，還是一種食物。一位女性島民讓我們嚐嚐草芯的滋味，我放進嘴裡，果然嚐到一絲甘甜。

小島其實是一個村莊，有五戶人家，男女老少加起來共十一人，各戶有自己獨立的生活，但也守望相助，形成類似「公社」的密切關係。

我們被熱情接待至島上每一個角落參觀，島民臉上帶著真摯笑容，讓我和Vicky小姐都覺得很感動。我見到島上的瞭望台、蓄水池、蘆葦種植場，還有公用廣場。除此之外，也參觀每戶人家的居處，裡面除了簡單的生活用品，用毛毯鋪墊的「床鋪」，和牆上掛著由婦女們手工編織的掛毯外，別無貴重物品。燒火煮食等用品都設在房子外面，這是為了避免火災的發生。

↑女性編織掛毯和紀念品

↑島嶼交通工具也是拖拖拉草編成

↑乘船遊湖

島民主要仰賴捕捉湖中的魚蛙以及打獵謀生，其中一戶的男主人還把家中一支殘舊的獵槍當武器，在夏季時獵取野鳥。女性則留在家裡編織色彩豔麗繽紛的掛毯和紀念品。

至於島與島之間往來的交通工具，也是依賴曬乾的拖拖拉草編製而成，船頭的形狀像美洲豹。乘船遊湖是這兒的重點活動，我和Vicky小姐在湖中暢遊，穿梭於各個漂浮島之間，也看到一些搭載旅客的其他船隻，同樣享受著湖光山色的景緻。

↑西路斯坦尼的墓塔群

我們與盡離開時，他們還跳起舞、唱起歌歡送。漂浮島上風光，與島民的熱情接待，都令我留下難忘的印象。

近年透過Discovery頻道的宣傳，這些世界上獨一無二的漂浮島成了旅遊的焦點，帶旺旅遊業，也因此為他們帶來收益，改善生活。據導遊說，現在他們的生活已經逐漸現代化了，電力供應讓島民改變生活習慣，讓他們可以一邊工作，一邊收看電視，甚至還有Wi-Fi網路服務，不再是與世隔絕的桃源世界了。

好戰Colla族貴族的墓塔群

因為航班的關係，我們並未繼續深入的的喀喀湖中的最大島——塔基雷島（Isla Taquile）參觀印加人的遺跡，就匆匆回航普諾港。

↑墓塔說明

↑墓塔用石塊疊積而成，形似碉堡

返回胡里阿卡鎮的途中，經過西路斯坦尼（Sillustani），這裡是好戰的Colla族貴族的墓塔群。從山下仰望，墓塔用石塊疊積而成，形似碉堡。導遊表示這些墓群大部分已被盜光，而且破損相當嚴重。政府近年來才斥資重新修復，使它成為一個旅遊景點。

根據說明，墓塔面朝太陽升起的方向，被埋葬的屍體如嬰兒蜷曲般放在墓裡，代表重新回到娘胎，有重生的意思。塔外面刻有蜥蜴的圖案，Colla人認為蜥蜴生命力強，就算斷掉尾巴都可以再生，因此具有復活的涵義。

失落的迷城

印加王朝「失落的迷城」（The Lost City），世界新七大奇觀之一，來到秘魯，誰會錯過馬丘比丘（Machu Picchu）？

我貪早摸黑從利馬搭機起飛，越過橫貫秘魯的安第斯山，平穩降落在昔日印加王朝的首府庫斯科。與當地導遊接上頭後，隨即踏上探尋印加古跡的行程。

庫斯科是一座高海拔城市，約三千四百米左右，很容易會出現高原反應。跟我們同機兩位來自美國邁阿密的年輕小夥子，甫一著陸，馬上頭痛欲裂，立即原機折返。我這次並未留意庫斯科的高度，竟然並未事前做好準備，預先服用「紅景天」。幸好我和同伴Vicky小姐都能適應，並沒有任何不良的症狀。猶記得過去前往西藏拉薩時，聽見當地人有一種說法：高原反應基本上是欺少不欺老，欺男不欺女。這次又讓我這個白頭翁避過一劫，成功邁開通往迷城的第一步。

我們到達的當天細雨紛飛，古都庫斯科一早就籠罩在煙雨朦朧中。

導遊安排直接出城，順著連綿的盤山公路前行。在臨古城耶穌像的山坡上，俯瞰山下盆地的市區，眼前是密密麻麻的紅屋頂平房，受到崇山峻嶺的圍繞，林木蔥郁，景色迷人，不愧是一顆「安第斯山王冠上的明珠」。

我們來到烏魯班巴河谷，它是印加王朝的心臟地帶，又叫神聖山谷（Sacred Valley）。我們需要一路沿著印加人的聖河——烏魯班巴河（Urubamba River）翻山越嶺，才能到達印加人的神祕迷城。

↑庫斯科機場大廳盛況

↑安第斯山王冠上的明珠

↑烏魯班巴河谷

會走動的黃金

走在盤山的公路，山下的皮薩克村莊（Pisac）盡是農田阡陌，一派生機盎然的景象。我們繞過高山上被濃霧擋住的印加古堡遺址，進入村莊後，導遊讓我們認識安第斯山上「會走動的黃金」，牠們就是山區印第安人圈養的羊駝（Alpaca）。

羊駝屬於美洲駝，主要生長於南美洲，尤其是秘魯和智利的高原上。在紐西蘭、澳洲等地方雖然也可以見到羊駝，但數量比起南美來說少得多，而且原種也都是來自這兒。

↑皮薩克村莊

↑會走動的黃金

驟然看到牠們，會覺得頭部跟頸部與駱駝相似，但體積卻只有山羊般大小。美洲駝有四個品種，不過因為外表相近，所以經常會被搞混，中文的名稱也互相混搭使用。這四種分別是：大羊駝（Llama）、羊駝（Alpaca）、原駝（Guanaco）和小羊駝（Vicuna）。

其中從小羊駝身上剪下來的駝毛最昂貴，每克的價錢接近一千美元。羊駝毛一般織成毛毯、地毯和衣服等，由於禦寒耐用，更不易褪色，所以製成品更加昂貴。既然來到原產地，我便順手挑起一條小羊駝毛的披肩，售價就要五千多美元。即使我磨破了嘴皮，都無法讓店家給一丁點的折扣。最後我使盡所有招數，依舊以原價支付，將這條披肩帶回去送給老伴。

我在山區見到印第安婦女所穿著的服飾，與中國西南地區少數民族有很多相似的地方，她們都愛圍上寬大的圍裙，衣服顏色鮮豔。不僅如此，就連外貌也有點類似，同樣都是皮膚黝黑。

↓用羊駝毛製成的彩線織布

事實上，關於印第安人的祖先，目前一般認為是在萬年前由亞洲跨過白令海峽（Bering Straits）來到美洲的，也就是說，亞洲和美洲原住民其實有著相同的祖先。

此外，我走訪過多個歷史悠久的中南美洲國家，參觀當地的博物館和遺址，發現出土文物上的圖騰等，多少都帶有幾分東方中國風，似乎又頗為符合「殷人東渡」的論述。究竟這個說法是否確切？這都還需要人類學家和考古學家們繼續努力，尋找更多的證據加以證明。

彩虹的故鄉

離開皮薩克村莊，我們繼續順著水流急湍的烏魯班巴河。走出地勢險要的神聖山谷後，視野突然開闊。陡峭的神聖山谷下，有個Chinchero村莊，綠油油的耕地，一道道梯田依山而建，如此田園風光，實在是魅力無窮。

我們選擇在Chinchero村莊內大啖河魚當午餐，甚至嘗試飲用當地的古柯葉茶（Coca leaf tea）。導遊表示目前我們已身處海拔3,760多米高的地方，飲用古柯葉茶可以增加體力，適應高原反應。他還讓我們試試另一種藥草，一聞之下帶有濃濃的薄荷味，也是防禦高原反應的草藥。待大家喝下古柯葉茶後，行程才繼續下去。

秘魯素有「土豆（馬鈴薯）之鄉」之稱，來到這個村子，更讓我長了知識，體會行萬里路的好處。原來我們日常食用的馬鈴薯，原產地就在秘魯的安第斯山區。大約幾千年前，當地土著就開始種植馬鈴薯了，而且品種達三十四種之多，顏色、形狀、大小都不同。聽說中國的馬鈴薯也是從這兒移植過去，在十八世紀先由荷蘭人帶到澎湖，後來再傳入台灣，繼而輾轉移植到中國大陸。

村莊裡有一個小型的農作物展示館，除了各種馬鈴薯外，還陳列各式各樣的玉米，其中紫色玉米還是我頭一次見到呢！

↑古柯葉茶

↑小型的農作物展示館

↑各色玉米

在印第安人語中，Chinchero是「彩虹之地」的意思。村落的平房全部都用石塊作牆基，上面再加砌泥磚，是典型古印加的建築風格，平房盡是紅瓦頂，從高處往下望，紅色瓦頂仿如一道彩虹橫架在翠綠的深谷中，莫非「彩虹之地」就是此意？

由於這裡的地勢比庫斯科還要高出三百多米，我們走在舖砌著卵石的廣場和市集時，已感到陣陣寒意，走快點甚至會有氣喘的感覺。要不是剛才多喝了幾杯古柯葉茶，說不定已產生不良反應了。

↑村落的平房是典型古印加建築風格

↑Tambo Del Inka酒店

為了保持體力，我們暫時放棄前往Chinchero村莊另一邊的奧揚泰坦博（Ollantaytambo）尋找印加城堡遺址，那兒有著印加人奮力迎擊西班牙侵略軍的古戰場，也無緣見證印加人用智慧修成的莫瑞（Moray）梯田和薩利納斯（Salinas）鹽田，沿著奔流的烏魯班巴河，直奔具有印加特色的Tambo Del Inka酒店。

經過一天高原山地上的征途，大家都感到非常疲憊，用過簡單的晚餐後，便各自回到房間，倒頭就睡。而我們滿心期待，準備隔天用最佳的狀態登上迷城馬丘比丘。

↑馬丘比丘明信片

↑護照上的馬丘比丘章

印加人的刻苦與智慧

第二天清晨，我們迎著熹微的晨光，從烏魯班巴的酒店出發，先沿著公路前往奧揚泰坦博，準備在那兒轉搭觀光火車。

一個多小時的車程中，導遊趁機把過去印加人的「威水史」（廣東話：威風的事蹟）向我們娓娓道來。他先從昨天見到的羊駝開始：當年印加人紡織技術高超，遠近聞名，織品的原料主要是南美高原獨一無二的羊駝毛，編織出來的衣飾款式非常精美細緻。甚至有種說法，他們可以將羊駝毛編織成橋，橋上還可以行人；另外也可以編織成遮風擋雨的屋頂。

可惜的是，這些彌足珍貴的織物早已絕跡。西班牙人入侵時，未注意到印加人精湛的羊駝毛紡織品，一把火把它們燒為灰燼，讓這樣的技術永遠淹沒在歷史的長河裡。

另外就是農業上的成就。由於我們時間緊迫，未能逐一造訪有名的莫瑞梯田和薩利納斯鹽田，這兩個遺址都能夠見證到印加人的智慧。

數百年前，他們已懂得運用物理學上的比熱容量（Specific heat capacity）原理，利用烏魯班巴河床中的一種鵝卵石，這些鵝卵石與別的石頭不同，比熱容量相差較大，印加人於是利用這種差別，在一個大如隕石坑般的莫瑞梯田分層鋪墊不同厚度的卵石，來調節溫度，再控制灌溉系統，使不同層次的梯田可以種植出不同的農作物。

薩利納斯鹽田就更加壯觀了。印加人順著山勢挖出大小不同、高低有別的鹽井，並將天然含鹽的熱泉水引入。若登上高處俯視鹽田，它們在陽光下反射出白色光芒，猶如鑲嵌在山區裡的「天然馬賽克」藝術結晶。聽罷真教我後悔未多騰出兩天時間，把這些景點也走一遍，只能成為遺珠之憾。

印加王朝的土地多位在山區，多石少土，不宜耕作。不過這些貧瘠的岩石地帶卻被印加人「點石成金」，神奇地開墾成梯田。他們順著山勢，用石塊砌成堅固的「圍牆」，再從其他地方運來泥土，填入牆內的深坑，並鋪上鳥糞等天然肥料，把岩石山化為良田。甚至愚公移山地開山引水，建造水利設施，山區有了四通八達的輸水管道後，引水灌溉種植，解決印加人民的糧食問題。

雖然印加王朝土地所在的自然環境，大多不利於種植農作物，但印加人並未屈服，發揮聰明才智、刻苦耐勞，憑藉人定勝天的精神，創造人間奇蹟。懸崖峭壁間的梯田，種植多種不同的農作物，其中以玉米和馬鈴薯產量最豐。導遊強調那時印加人還不懂得利用耕牛，所有的耕作完全仰賴人力完成，說明這個民族的勤勞積極。

↑奧揚泰坦博火車站

我們邊聆聽介紹，邊觀看車窗外的景物。這天天氣陰晴不定，山的這頭還在毛毛細雨，拐過山的另一邊，天際間又露出藍天白雲，這大概是高原氣候的特點。

四周山巒層疊，景色怡人，搭配導遊滔滔不絕的介紹，這段乘車時間過得飛速，不知不覺奧揚泰坦博火車站已在眼前。

司機將時間拿捏得很準，我們到達火車站時，距離火車開行仍有一些時間，我們得以順道在鎮內轉一圈。在印加王朝遺留下來的古城中，這兒被認為是規劃得最好的市鎮之一。

屋頂的厭勝物

我先前在其他城鎮看到許多民居的屋頂中央，都有一對動物模樣的裝飾，這兒也不例外。

↑屋頂中央都有一對陶牛裝飾

好奇之下詢問導遊，才知道這種十字架搭配一對陶牛的裝飾，原來是保祐居民鎮宅的吉祥神物（厭勝物：辟邪物），是當地印第安人的習俗。

在鎮上的高點，是當年印加抗敵的山上古城堡和神廟遺址。印加軍民占據有利的地勢，從高處往敵人投擲石塊，又放水淹沒城下的平地，抵禦強敵進犯。可惜這些天然屏障最終仍然敵不過炮火犀利的西班牙軍隊，印加人遭到擊敗而撤離。

英雄古鎮奧揚泰坦博現在是進入馬丘比丘的門戶和必經之路，每年的遊客量不斷增加。

↑鎮上高點是當年印加抗敵古城堡和神廟遺址

↑英雄古鎮奧揚泰坦博是進入馬丘比丘的門戶

欲登迷城馬丘比丘，基本上有兩個選擇：喜歡挑戰自我的旅客可以參加四天三夜的古道之旅，從古鎮KM 82 Piscacucho的起點開始，踏上鋪砌石板的印加古道（Comino Inka/Inka Trail），一步一腳印徒步登山。這段路程三十公里，可以盡覽沿途的印加古跡、神廟，是考古的最佳路線。

當地旅遊局擔心旅客不斷增加會損壞古道遺跡，於是限制每天僅有兩百名旅客進入。加上挑夫與平日使用古道的過路人，最多也不超過五百人，秘魯旅遊局設法保護古道原貌的用意，

↑從觀光火車窗外看見的景色

值得稱[illegible]

通常旅客[illegible]雇用當地山區人當挑夫，揹負行李，沿路搭營和安排飲[illegible]。即使不需要自己揹著沉重行囊，在高山上徒步，還得[illegible]對高原反應的威脅，很難做到急促行軍，這段路程想必相[illegible]艱苦。

這個行程，對我來說實[illegible]難，只好放棄，唯有跟大多數旅客一樣，乘搭觀光火車[illegible]聽說火車有分高級和普通檔次的列車，不過我並未留意[illegible]坐的是那一種，總之車廂內座位舒適，窗明几淨，觀景[illegible]當方便。

火車開動後，緩慢駛離古鎮。透過窗[illegible]仰望是雲霧繚繞的雪山峻嶺、懸崖峭壁；低頭是山谷裡[illegible]水淙淙；遠看則有層層梯田和山崖上的印加遺跡。數[illegible]的秀麗景緻，把我給深深迷住。

我忙著拍攝窗外景色，四十多分鐘一下子就過去[illegible]轉眼間，來到了迷城下的阿瓜斯卡連特斯鎮（Aguas Calientes），鎮上的站名，就叫做馬丘比丘。

終極迷城之旅

阿瓜斯卡連特斯鎮座落在馬丘比丘迷城遺址的山腳下，也叫「馬丘比丘鎮」，四面群山環抱，又有一條洶湧的烏魯班巴河貫穿。此外，它位在溫泉區，因此又有「熱水鎮」的別稱。

由於小鎮算是登山造訪遺址的唯一「隘口」，當地居民因勢利導，謀生的方式幾乎都與旅遊業有關，經營商店、餐廳和溫泉酒店等，消費水平居然還比庫斯科城要高得多。

我們未逗留鎮上，穿過火車站前的攤檔市集，立即來到登山巴士站。專線巴士繞著Z字

↓馬丘比丘全景

形的盤山公路往海拔兩千五百米高的山頂終站駛去，其間的路線迂迴曲折，不時還來個急彎。然而兩側群峰重疊，連綿不絕，環繞山間的雲霧如絲如縷，我們就像置身於畫中，心曠神怡，不多時已來到迷城遺址的入口處。

十二月初已進入春末的雨季，也是旅遊淡季，可是馬丘比丘魅力不減，入口處擠滿旅客，沸沸揚揚。我見到不少人將大型的行李寄存在儲物處，並且經過登記護照證件等手續。

自二〇一一年開始，秘魯旅遊局還實施每日遊客的人數限制，不得超過五千人，所以旅人們一般都會在出發前預先購買入場門票，否則大老遠來到此處，卻被拒於「門」外，未免太過掃興。

我們來到的時間算是較早，儘管旅客不少，但還沒到擁擠的程度。順著遺址的古道，我們終於走進這座嚮往已久的迷城。

騰飛的天宮

在印加語中，馬丘比丘（Machu Picchu）意思是「古老的山巔」。據考古學家的考證，馬丘比丘是在大約十五世紀由當時的印加統治者帕查庫德（Pachacuti）建造而成。導遊透過入口處幾塊鑲嵌在岩石上的碑牌銘文，介紹起迷城的一段歷史，包括馬丘比丘的建造者，以及一九一一年美國科學家海勒姆・賓厄姆（Hiram Bingham）在當地人Melchor Arteaga協助下發現馬丘比丘的過程。

馬丘比丘在深山之巔的陡峭山坡上，四周崇山峻嶺，兩側是六百多米的懸崖峭壁，深谷下湍急的烏魯班巴河作一百八十度拐彎繞崖而過。

屹立在海拔兩千五百米山巔之上的遺城，又被稱為「天空之城」，從山腳根本無法發現它的蹤跡；即使來到山間，經常性的雲霧縹緲，也不時遮掩它的廬山面目，彷彿一座騰飛的「天宮」。

↑屹立在海拔兩千五百米山巔之上的遺城，又被稱為「天空之城」

↓深谷下湍急的烏魯班巴河

↑迷城古道

↑失落的神祕古城終於從群山中露出面容

↑跟隨嚮導，進入迷城

雖然馬丘比丘是如此的出名，但直到現在，關於它仍然是謎團重重，讓人百思不得其解。為什麼西班牙人入侵和消滅印加王朝三百多年的這段期間，竟然對迷城一無所知？又為何秘魯獨立後一百年間，仍未被人發現？是什麼神祕的力量，隔絕了外人的探索？直到一九一一年，美國科學家賓厄姆一心為尋找印加藏匿黃金的維爾加班巴（Vilcabamba），卻誤打誤撞揭開這個隱藏在深山叢林中的世紀之祕。過去四百多年漫長的歲月，大概只有翱翔天際的山鷹，才知道它的存在吧？用「失落的迷城」來形容馬丘比丘，實在非常貼切。

當我和Vicky小姐繞過入口處圍牆

的一剎那，失落的神祕古城終於從群山中露出面容，豁然出現在我們眼前。等不及聆聽導遊尚未結束的介紹，我迫不及待抓起手機，通過網絡，將這座失落四百多年的遺城姿彩傳給家人和同事們分享。

面前如此的壯美而令人嘆為觀止，我們已缺乏耐性停下來聽導遊介紹，跟著古城狹窄的小路往上走，從高處俯瞰全城，努力想將全景拍攝得像是明信片一樣經典。

古道縱橫遙想當年

據說整個迷城約有十三平方公里的面積，從高處下望，整座遺址盡入眼簾，可以清楚瞧見包括一百七十座建築物的龐大建築群，分別在馬丘比丘（老山）和瓦依納比丘（Huayna Picchu）（新山）兩山之間，而它們全都是以巨大石塊來建成。

隨後，我們跟著導遊來到印加古道上的獨木橋遺址，木橋架在懸空的壁崖上，看起來驚險萬分，無論是架設或走在其上，想必都需要驚人的勇氣和智慧。為了保護古蹟，目前獨木橋一段已封閉，不能攀越。

印加人修建的古道縱橫南美洲各地，遍及今日的秘魯、阿根廷、玻利維亞、哥倫比亞、智利和厄瓜多爾等六國。這些古道以石塊鋪砌成，當中還包括石墩、木橋、吊橋、浮橋、隧道等，許多還架在懸崖峭壁上，就如眼前所見的獨木橋一樣。

導遊說，印加人並不懂得利用馬車等工具建橋修路，所以當年是如何憑人力把古道建在安第斯山上，不難想像工程是何等艱難，過程又是何等驚險。

既然無法踏上獨木橋，我們原路折回，拾級而下，穿越城中，按路標逐一參觀遺城的主體建築，包括宮殿、廣場、神廟、梯田、民房、皇家墓室、倉庫和監獄等。小路狹窄交錯，有時還得要經過數百級陡峭的石梯級。

遺城許多建築原本應有茅草的上蓋，經過歲月的洗禮，這些茅草屋頂自然早已坍塌腐壞，不見蹤影。不過現在還原了好幾間，讓旅客可以了解它本來的面貌。

↑目前獨木橋一段已封閉，不能攀越

↑陡峭的梯田

↑還原的茅草屋頂，讓旅客可以了解它本來的面貌

↑有弧度的太陽神廟

↑三窗神廟

太陽神的信仰

建築群中最壯觀且特別的，非「太陽神廟（Temple of the Sun）」莫屬了。這座由巨石鑿成的環形建築，有弧度的外牆與其他建築方方正正的模樣大相逕庭。百年前美國人賓厄姆來到遺址，便是窺見未被植物完全覆蓋的太陽神廟，進而揭露迷城的祕密。

「三窗神殿（Temple of Three Windows）」也非常有名，要如何以巨石疊成三扇一模一樣大小的窗戶，其中的技藝實在令人佩服不已。

遺城高點有一塊巨型拴日石（Intihuatana），整塊大石打磨成錐形石柱，分別指向東南西北四個方向，可能與計算冬至、夏至有關。當冬天來臨，日照時間縮短，印加人害怕太陽會從此一去不復返，因此在每年六月的冬至時，會在拴日石前舉行祭典，希望把太陽拴住。這當然與印加人對太陽神的信奉有關。

「禿鷹神廟（Temple of Condor）」則是利用天然

↑禿鷹神廟，石雕的鷹首和身體放置在地上

↑拴日石

岩石的形態，雕琢成展翅欲飛的飛鷹形態，石雕的鷹首和身體則放置在地上。據說印加人相信死後，靈魂會由禿鷹帶入天界。

層層梯田的耕種規模相當大，高低錯落，構成一幅美麗圖案。梯田耕種區都有縱橫地下的引水道，共有十六條之多，一來可以供水，另一方面當暴雨成災，水渠能夠排洩雨水，避免地基的坍塌。

這一日，天氣稍陰，偶遇微風細雨，但大抵來說氣候相當不錯，運氣很好。遠道而來，能夠見證到如此輝煌的印加文明，確實是不虛此行！

迷城的對面，就是較低矮的瓦依納比丘，每天容許四百名旅客分兩段時間攀爬，每段只限兩百人。據說登山的石階非常陡峭，需要手足並用，我可不敢嘗試，於是走出遺城，先在入口處替護照補蓋到此一遊的紀念戳章，再轉入這裡唯一的Tinkuy餐廳進餐，補充消耗大半天的體力，順便靜下心來，繼續聆聽導遊下半部的介

↑據信是馬丘比丘的採石場

↑沒有大型機具，如何用岩石接縫堆砌石牆

↑瓦依納比丘

紹。

從餐廳內遠觀對面隱藏在幽壑深谷中的迷城，午後太陽映射下，古城格外雪白，散發無窮魅力。過去五百多年來，這裡也曾遭受地震浩劫，然而這座雄偉的迷城卻安然無恙，始終矗立在山巔之上。令人不得不佩服印加人民的鬼斧神工，沒有搬運工具，又不懂得使用車輛，全憑人力將一塊塊巨大岩石削割下來，搬運上山，再以接縫堆砌石頭的巧妙技術，建起這座牢固的石頭城。

馬丘比丘為何而建，一直是考古學家試圖破解的謎題。究竟它是為了逃避西班牙人殺戮而建的世外桃源；抑或祭祀的神聖之地？又或者是印加王朝鼎盛時期的王室行宮？其中一個學說，認為遺城是一座祭祀典禮中心。印加人民崇拜太陽，自稱為「太陽的子民」。馬丘比丘建在群山環繞的山巔，下臨一條被印加人視為聖河的烏魯班巴河。「拴日石」的發現，說明印加人民認為這裡最接近太陽，是拜祭太陽神最理想的地方。加上一些刻在石壁上的符號和標記都和神祇有關，太陽神廟的論據基本上是符合的。

建造馬丘比丘的功用究竟為何，只有印加人才清楚。可惜縱然印加文明有其絢麗璀璨之處，卻失於沒有文字，只有結繩編織的記載，造成考古科學研究上的困難與侷限。怎不教人深感遺憾？

不過我相信它在印加人民心目中，一定占有非常崇高、神聖的地位。至於馬丘比丘最後為何變成空無一人的棄城廢墟，失落在深山叢林中達數百年之久？我不願費神多想，這個謎團就留待考古學家繼續發掘吧！

我終於完成了秘魯行程中最重要的一站，見證智利詩人聶魯達筆下的馬丘比丘：「**石砌的古老建築物鑲嵌在青翠的安第斯高峰之間。激流自風雨侵蝕了幾百年的城堡奔騰下泄……**」常人說：「不登山，不知山高；不涉水，不曉水深；不賞奇景，怎知其絕妙。」登上了印加王朝的馬丘比丘，正讓我領會到此話的意境。

懷著依戀不願離去的心情，我們終於對這個神祕之城揮手道別。回程使用交通工具順序正

↑山中公路沿途風光明媚

好與去程相反，先以巴士折回阿瓜斯卡連特斯鎮，幸運地立即接上往奧揚泰坦博的火車，之後再搭車開上蜿蜒山谷中的公路，往庫斯科古城疾走。

走在山中公路，氣候變化多端，前一刻蔚藍天空、陽光普照，窗外景色清晰而明媚，忽而強風大作，落下傾盆大雨，視野頓時模糊。待到雨過天清，雲端上現出一片霞彩，久久不散，蔚為奇觀。

我們披戴夕陽餘暉，在公路上奔馳幾個小時終於返回庫斯科。經過整日的奔波，但節目還未結束，正巧趕上一場民俗晚餐秀，觀看高山民族的文化表演，總算是心滿意足地返回下榻酒店。

當我結束今日的馬丘比丘之行，心中默默計量，發現世界新七大奇蹟，我已征服了其

↑雲霧上的彩虹

六，足跡踏遍中國長城、巴西基督像、秘魯馬丘比丘、墨西哥金字塔、義大利鬥獸場（羅馬競技場）和印度泰姬陵，眼前似乎見到僅剩的約旦佩特拉古城正向我招手，告訴我下一站該往哪裡去。

↑民俗晚餐秀

精采絕倫的建築技術

庫斯科（Cuzco）前夜下了一場大雨，我非常擔心因此壞了今天遊古都的興緻。所幸天剛破曉，雨就停了下來。距離與旅伴和導遊相約的時間尚早，我便逕自走到酒店外閒逛，在武器廣場遇上一位德國考古學者Emma，於是結伴同遊。她對印加王朝的了解，豐富了我對這印加古都的認識，獲益匪淺。

↓廣場周邊的民房建築與巷道

金杖定都——世界的中心

她先從庫斯科的名字開始介紹。庫斯科在克丘亞語是Qosqo，意思是「世界的肚臍（Navel of the world）」，因為在印加人眼裡，這裡就是世界的中心。

庫斯科本身就充滿印加的歷史、傳說和神話。當地有一個神話與在的的喀喀湖聽到的神話相關，說到太陽神派遣印加王朝的開國君主曼科・卡帕克（Manco Capac）傳授知識，建立國家，神祇還給他一根金杖，叫他尋找一處地方，只要金杖能夠插入土地，那兒就是他們理想的棲身之所。經過長途跋涉，曼科・卡帕克終於來到庫斯科，他隨手把金杖一插，居然插進了土地，庫斯科因此被選定為都城。這就是印加人「金杖定都」的傳說。

第九代的印加王帕查庫德是一位氣魄非凡的君主，本身也是一位建築家。他把原來建設得雜亂無章的古都推倒，重建成一座既有規模又具皇家氣派的首都，包括雄偉的宮殿、神廟、太陽貞女宮等，以及連接全城交錯的矩形街道。另外為了保衛城都的安全，在四面高坡上建起了四座防禦堡壘，當中一座正是我今天稍晚的行程之一——薩克薩瓦曼城堡（Saqsaywaman）。

地震過後留下印加牆基

Emma說，印加人崇拜美洲豹的凶猛敏捷，強悍有力。如果從空中鳥瞰庫斯科，就會發

↑廣場以大教堂為中心

←建築物下方是印加的牆基

覺到全城的形狀像是一頭美洲豹，頭部是薩克薩瓦曼城堡，身軀是印加王宮，尾端則是其他的民居。

古都還有一個特點，幾乎所有的建築物都用巨石建成，非常穩固。儘管庫斯科經歷過幾次的大地震，這些建築物卻都堅穩如磐石。反之，由西班牙殖民者所建的建築物都受到損傷。對於西班牙人的建築技術，Emma還語帶挖苦。原來，很多建築如大教堂等，是西班牙人利用原本印加王宮的牆基，往上加建起來。沒想到這些部分都經不起天災的考驗，地震過後，塌下來的不計其數，徒留印加人的牆基。由此可見，印加人的建築技術的確不同凡響。

我跟著Emma在武器廣場四周轉悠。廣場以大教堂為中心，左右還相連兩座分別建於一五三六年最老的天主教堂（Iglesia del Triunfo）和建於一七三三年的Jesus Maria教堂。

自西班牙占領庫斯科後，為了加強對印加人民的統治，西班牙人推倒印加王朝的神廟與王宮，在牆基上建起具歐洲文藝復興時期風格的大教堂。如今教堂內收藏不少庫斯科藝術家的作品，有一座全部用純銀打造的主祭壇富麗堂皇、氣派萬分。教堂的鐘樓上是重達一百三十噸的大鐘，我們等到它敲響了當天第一聲悠揚悅耳的鐘聲後，才離開繼續上路。

↑廣場兩旁的民居、餐廳和商店鱗次櫛比

↓拱廊建築則富有西班牙殖民地風格

↑我站在巨大的印加十二角石前，背後的牆面採用的就是印加人別具一格的建築技術「疊石法」

廣場兩旁的民居、餐廳和商店鱗次櫛比；平房二樓外懸的木窗台上頭，有著非常精緻的雕刻圖案；街道上的拱廊建築則富有西班牙殖民地風格。廣場處處都點綴得古樸典雅。

廣場左後面有一堵巨型的印加石牆Calle Hatunrumiyoc。Emma說此處是旅客必到之處，大家都喜歡找尋牆上一塊特別巨大的「印加十二角石」（Twelve-Angled Stone），它是見證印加建築技術的代表作之一。我站在巨石前，耐心聽著她的詳細介紹。

無縫的疊石法

「疊石法」是印加人別具一格的建築技術。兩塊巨石不需要使用任何黏合的材料，就能接合在一起，而且非常穩固，十分神奇。過程是先將兩石相疊壓，不過中間沒有完全接合，而墊有一根棒子。工匠接著在石塊外面上下前後左右敲打移動，若小木棒受到阻礙無法移動，表示兩石塊之間具有不吻合的部分，便會取用工具將突出的地方鑿去。如此來回反覆修整，直到石塊彼此吻合，工匠便抽出木棒，讓石塊完美接合，毫無縫隙，精準的程度教人咋舌。

考古學家曾經測試接縫處，即使用最薄的刀片也插不進去。這些巨型石塊互相交疊卯合，最終組合成一堵絲毫沒有任何膠著劑的高牆或巨型建築，渾然天成又穩如泰山，建築技術高超絕倫，簡直令人難以置信。

廣場四周斜坡鋪著卵石街道，兩側是光滑的石牆，每條街道中間還可見到印加神奇的排水道。幾百年光陰的流逝，原來的排水系統依然有效，經過前夜的大雨，一路上完全未見到淹水淤塞的情況。

Emma提到，今日庫斯科古都既保留印加的遺風，又融合了西班牙式的建築，成為一座整合印加及西班牙風格的城市。不過近年來，庫斯科人開始將部分街道回復克丘亞語的名稱，讓人民能夠緬懷追憶昔日印加王朝的榮光。

旅程中偶然的相遇，讓我對古城的了解與情感又更深一層，真的非常感謝見聞廣博、對印加文化甚有研究的Emma小姐。

↑廣場四周斜坡鋪著卵石街道，兩側是光滑的石牆，每條街道中間還可見到印加神奇的排水道

↑彩虹旗是庫斯科旗

英雄戰場發思古幽情

一五三六年，印加人民在印加王曼科·印卡·尤潘基（Manco Inca Yupanqui，又稱曼科·卡帕克二世）的率領下，在薩克薩瓦曼對抗西班牙軍隊，浴血奮戰，長達十個月之久。由於不敵西班牙軍隊的火槍等優良裝備，印加軍隊被團團包圍於山上孤堡，彈盡糧絕，死傷逾萬人，屍橫遍野，最後被迫撤離敗退，薩克薩瓦曼終於落入西班牙人手中。

龐大帝國的殞落

我與Vicky小姐踏上濕滑泥濘的坡地，就為了登上印加古戰場遺址，瞻仰這座印加王朝的英雄要塞。

薩克薩瓦曼作為美洲豹的頭部，雄踞在庫斯科北郊海拔三千七百多米的高山之巔，比庫斯科高出三百多米，地形險要。它依山勢而建，一面是陡峭的山坡，另一面是開闊的平原地，居

↑俯瞰庫斯科古城

↑登上薩克薩瓦曼瞭望台

高臨下俯瞰全城，是一道易守難攻的要塞。

過去印加人民動用兩萬多人，花費五十多年時間，在這裡疊砌巨石，建立起一座三層堡壘。三層堡壘各自有圍牆圍住，用巨石接合的二十二道圍牆，長度逾一千多米，沿山坡蜿蜒曲折，氣勢宏偉。據稱修築的巨石達到三十多萬塊，其中最重的

↑巨石堆疊的三層堡壘

↓戰爭有古蹟，壁壘頹層穹

巨石甚至超過兩百多噸。堡壘除了作為指揮塔的主塔樓，其他是瞭望台，連接Z字形的地道互相守望呼應。

西班牙人占領此處後，將圍牆的部分巨石搬走，用作改建武器廣場大教堂的材料，導致如今留在遺址的堡壘只是原本的五分之一，甚為可惜！讓人緬懷想像當時薩克薩瓦曼會是多麼壯觀，對比今日，真是「戰爭有古蹟，壁壘頹層穹」。

个修築的巨石達到三十多萬塊，其中最重的巨石甚至超過兩百多噸

印加人民為什麼未能依仗天險和穩固的堡壘，保衛家園，最終落得覆滅的地步呢?當我聽聞當年西班牙的皮薩羅僅僅帶領一百六十九人，就打敗了印加軍隊，占領擁有六百萬人的王朝，對這結果真感到匪夷所思。

原來除了皮薩羅是趁著當時印加王朝內部「兄弟鬩牆」，國家分裂動盪之際，用計謀殺害印加王。歷史學家也做出其他的說明：一般認為印加王朝徒有璀璨的文明，和遼闊的疆土，然而王朝統治管理不得其法，社會仍舊停留在原始的奴隸社會階段。不過一個龐大帝國卻只維持短短三百年的歷史，就迅速衰落，銷聲匿跡於歷史的長河中，不免令人唏嘘。

印加人信奉太陽神，每年都舉行隆重的祭祀儀式，這個習俗一直延續到現在。每年的六月二十四日冬至時，庫斯科市民會集中在武器廣場，舉行太陽祭（Inti Raimi）慶祝儀式。他們敲著鼓，載歌載舞，從廣場巡遊到薩克薩瓦曼遺址，燃點聖火，由祭司領頭帶領市民誠心向太陽神禱告，祈求風調雨順，五穀豐登。

古戰場遺址後面是肯科遺址（Quenqo），外面是露天的壁龕、祭壇、競技場地，我順著石階走到下面，則有天然洞穴、石室、鷹形態的雕石和王室浴室等。有一塊形似美洲豹的巨型岩

↑肯科遺址

↑順著遺址石階往下走，別有洞天

↑祭壇

石，是印加人民膜拜祭祀的祭台。我不顧天雨路滑，非得把遺址的洞穴和石室裡裡外外鑽過一遍才肯離開。

在古人神聖的祭壇對面山坡上，豎立了一座潔白的耶穌像，祂展開雙臂，環抱山下的庫斯科。這樣的景象，似乎告訴我們，往日太陽神的地位已經被西方天主教所取代了。

↑形似美洲豹的巨型岩石是印加人民膜拜祭祀的祭台

↑天然洞穴

↑生活用品應有盡有

↑身穿傳統服飾、牽著羊駝的婦女

↑庫斯科城中的集市，攤檔陳列整齊乾淨

↑陶罐煮土豆牛肉

↑潔白的耶穌像

↑PACHAPA Restaurant是一間當地有名的餐館

↑琳瑯滿目的織品

薩克薩瓦曼的讀音酷似英文的sexy woman，不過我環顧叢林和岩石的遺址周圍，不見任何性感俏嬌娃，迎面而來只見到一位身穿傳統服飾、牽著羊駝的婦女。雖非sexy woman，卻熱情招呼我們拍照留影。

雨終於停歇下來，我們沿著斜坡卵石街道走回庫斯科城中的集市。集市規模不小，不過攤檔陳列整齊乾淨，讓人感覺很不錯。攤檔上販售各類食品、用品，具有當地特色的陶器、編織品等應有盡有，許多織品和陶器藝品看來非常類似中國少數民族的作品。

PACHAPA Restaurant是一間當地有名的餐館，這一天的中午，我們總算真正嘗到庫斯科人的玉米湯、陶罐煮土豆牛肉，甚至還喝了秘魯特色的紫色玉米汁。

老鷹之歌迴盪不已

回程路上我又再經過武器廣場，中央一座印加人的塑像，據說是紀念一七八〇年英勇的印加民族英雄圖帕克·阿馬魯二世（Tupac Amaru II）。西班牙統治期間，他統領印加人民向西班牙統治者起義，決心推翻殖民統治。可惜遭受叛徒的出賣，起義失敗。他被俘後，面對西班牙人的審訊，絲毫不退縮，正義凜然地留下「你壓迫人民，我要解放人民」的句子。最後他被殘暴的統治者押解到廣場中央，當著人民的面前，遭到殘忍地割掉舌頭、四馬分屍。

有一首秘魯民歌《老鷹之歌》（El condor pasa）就是紀念這位民族英雄而譜寫：

我寧可是隻麻雀，也不願做一隻蝸牛
沒錯，我會這樣選擇
如果我可以
我是真的會如此選擇
我寧可是支鐵錘，也不願是一根鐵釘
沒錯，我會這樣選擇
如果我可以
我是真的會如此選擇
我願航行到遠方

像來了又去的天鵝
一個人如果被束縛在地上
他會向世界發出
最悲傷的聲音
最悲傷的聲音
我寧可是座森林，也不願是一條街道
沒錯，我會這樣選擇
如果我可以
我是真的會如此選擇
我寧可感受大地就在我的腳下
沒錯，我會這樣這樣選擇
如果我可以
我是真的會如此選擇

可歌可泣的事跡令我這位外地人也不禁肅然起敬。當我揮別這座英雄的古城時，《老鷹之歌》的旋律與歌詞在我腦海盤旋不去，為往事曾經留下的傷痕，也為這兒曾經擁有的榮光。

个武器廣場中央一座印加人塑像是印加民族英雄圖帕克・阿馬魯二世

後記

二〇一三到一四這兩年間，我走遍萬水千山，多次遊訪世界第二大洲的南美洲，它擁有十二個主權國家，我一口氣跑了其中的六個，包括為旅行界熟悉的巴西和阿根廷。

我親歷巴西里約，現場觀看森巴狂歡節，到球場親眼見證二〇一四世界盃冠軍德國的產生。我去到世界的盡頭——阿根廷的烏斯懷亞——乘郵輪橫渡德雷克海峽，在首都布宜諾斯艾利斯欣賞迷人的探戈舞等等。

行程中最令我感到特別的是安第斯山脈下異彩紛呈的秘魯文化，和與世界隔絕的南太平洋孤島。聞名的印加悠久歷史和獨特的玻里尼西亞島民文化，過去我只有耳聞，未曾目睹。這次藉著二十多天的時間，我攀山涉水，就為了不錯過這些古跡和遺址。

旅途中，親眼見識到印加人創造出來種種令人驚嘆的奇蹟，還聽到不少他們在生活中讓人嘖嘖稱奇的趣事。我在內文的章節中，竟然遺漏了一些奇聞妙事：如印加人特製的「洗頭水」，居然是收集自家人的尿液，放在桶裡沉澱一周，然後用來洗頭，據稱具有去油脂功效，是讓秀髮「光采動人」的祕方。

另外還有一種用於節日慶祝的糊狀美酒——「奇查酒」，是婦女們把玉米放在嘴裡咀嚼成糊狀後，再吐在溫水中，經過發酵而成。

此外，小孩感冒發燒的良藥妙方，竟然是將全家人的尿液煮沸，讓患病小孩洗澡和當藥服用。

如此林林總總的奇聞，要是不是出自當地導遊的口中，我還真難以相信呢！

至於智利的復活節島，那麼一個比台灣金門略大的孤島，留下遍島的巨人摩埃石像，卻毫無歷史文字的記載，只讓後人憑古跡臆測和探索。

原本秘魯和智利並沒有相同的文化關聯，為何我要嘗試將兩地的行蹤見聞拼湊在一起收錄書中，與讀者朋友們分享？我在秘魯庫斯科偶遇的印加文化學者Emma曾提過，印加王朝覆滅後，部分印加人遠涉重洋，逃避戰禍；傳說，復活節島的「鳥人」便是印加人的後裔。因為這樣的原因，所以才有如此安排。

承蒙諸位先進好友在百忙之中撥冗替我寫序，萬分感謝：

- 香港培僑教育機構董事會主席吳康民
- 香港漢華中學校長關穎斌
- 鳳凰書品文化出版有限公司執行董事兼總經理王多多
- 香港銅紫荊星章、太平紳士暨法律博士方和
- 英國金融時報副主編兼FT中文網總編輯張力奮
- 普華永道北京首席合夥人吳衛軍

這次旅途順利完成，首先要感謝台北亨強旅行社的陳總。

另外此書的完成，我特別感謝出版社多年的支持和協助；再者，也謝謝Vicky、Phoebe和Natascha小姐等為我不斷收集相片、資料。

除巴西、阿根廷，加上書中的秘魯、智利這四國外，南美洲的行程，我也已走過委內瑞拉和哥倫比亞。到今天為止，只餘下六國尚未涉足，她們早就列入我二〇一五年的旅遊計劃中，希望在來年「征服」她們，再整理成冊，與大家共享。

鄧予立

於二〇一四年年末

國家圖書館出版品預行編目資料

玩轉南半球：智利、秘魯／鄧予立著.　--初版.—臺中市：白象文化，民104.03
面：　公分.——（鄧予立博文集；7）
ISBN 978-986-358-130-7（精裝）
1.旅遊　2.智利　3.秘魯
758.19　　104000061

鄧予立博文集（7）

玩轉南半球 智利、秘魯

建議售價・299元

作　　者：鄧予立
校　　對：鄧予立
專案主編：徐錦淳
特約設計：白淑麗
出版經紀：徐錦淳、黃麗穎、林榮威、吳適意、林孟侃、陳逸儒
設計創意：張禮南、何佳諠
經銷推廣：何思頓、莊博亞、劉育姍、王堉瑞
行銷企劃：張輝潭、劉承薇、莊淑靜、林金郎、蔡晴如
營運管理：黃姿虹、李莉吟、曾千熏、焦正偉
發 行 人：張輝潭
出版發行：白象文化事業有限公司
402台中市南區美村路二段392號
出版、購書專線：（04）2265-2939
傳真：（04）2265-1171
印　　刷：基盛印刷工場
版　　次：2015年（民104）三月初版一刷
2015年（民104）六月初版二刷
2016年（民105）十二月初版三刷

設計編印

白象文化｜印書小舖

網　　址：www.ElephantWhite.com.tw
電　　郵：press.store@msa.hinet.net